1914
LE DESTIN DU MONDE

Max Gallo
de l'Académie française

Une histoire

de la Première Guerre mondiale

1914

Le destin du monde

récit

XO ÉDITIONS

ISBN : 978-2-84563-574-6

« L'Europe entière, incertaine et troublée, s'apprête pour une guerre inévitable
dont la cause immédiate lui demeure encore ignorée,
mais qui s'avance vers elle avec l'implacable sûreté du destin… »

Albert de MUN
L'Écho de Paris, décembre 1913

« Élevés dans une ère de sécurité, nous avions tous la nostalgie de l'inhabituel, des grands périls. La guerre nous avait donc saisis comme une ivresse. C'est sous une pluie de fleurs que nous étions partis, grisés de roses et de sang. Nul doute que la guerre ne nous offrît la grandeur, la force, la gravité.
Elle nous apparaissait comme l'action virile : de joyeux combats de tirailleurs, dans des prés où le sang tombait en rosée sur les fleurs. Pas de plus belle mort au monde[1]*. Ah, surtout ne pas rester chez soi, être admis à cette communion. »*

Ernest JÜNGER
Journal de guerre, in *Orages d'acier*, 1914

---

1. « Pas de plus belle mort au monde / Que de tomber à l'ennemi. » Chant populaire, de l'époque des Maîtres chanteurs (XIVe-XVIe siècle).

« Visite au Louvre – désolation
La fin d'une civilisation ?
[...]
Cette guerre n'est pas pareille à une autre guerre ;
Il n'est pas seulement question d'un territoire à protéger,
D'un patrimoine, d'une tradition... Non !
C'est un avenir qui veut naître
Énorme et se dégage en s'ensanglantant les pieds. »

André GIDE
Journal, 15 novembre 1914

LES FORCES EN PRÉSENCE

═ Pays membres de la Triplice

.˙. Pays membres de la Triple Entente

||| Pays neutres

Le front en décembre 1914

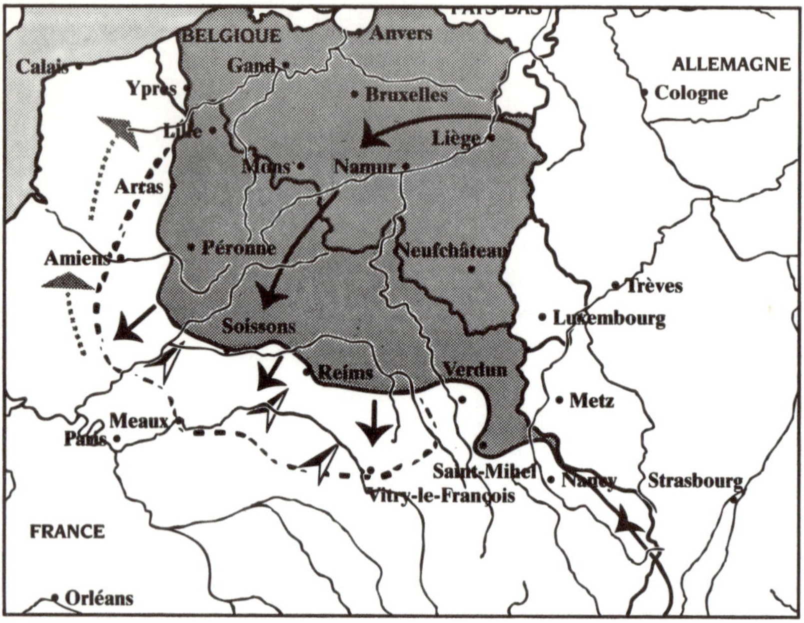

Axes de l'offensive allemande

Course à la mer (octobre)

Contre-offensive (bataille de la Marne)

Territoires allemands occupés

En souvenir de mon père classe 13,
20 ans en 1913, héros modeste, patriote et révolté.

PROLOGUE

L'avant-1914

« L'IMPLACABLE SÛRETÉ DU DESTIN »

1.

C'était il y a un siècle.

À Paris, gare de l'Est, ce dimanche 2 août 1914, une foule d'hommes encore jeunes – les plus jeunes semblent avoir la trentaine – bavardent par petits groupes. Ils portent presque tous une casquette. Ils sont vêtus sans élégance, comme des ouvriers attendant l'heure d'entrée dans l'usine. Une musette est suspendue à leur épaule, un paquet serré sous leur bras. Pas d'éclats de voix.

Des femmes, le visage grave, se tiennent à quelques pas. Des enfants s'agrippent à leurs jupes grises.

Mobilisation des hommes, gare de l'Est, le dimanche 2 août 1914.

C'est le premier jour de la mobilisation générale.

La veille, samedi 1er août, des affiches appelant les réservistes à suivre les instructions contenues dans leur livret militaire ont été apposées partout en France.

Le ministre de l'Intérieur, Louis Malvy, un député radical-socialiste, a déclaré :

« La mobilisation n'est pas la guerre. Dans les circonstances présentes, elle apparaît, au contraire, comme le meilleur moyen d'assurer la paix dans l'honneur. »

Mais, à 19 h 30, ce samedi 1er août, l'Allemagne a déclaré la guerre à la Russie, l'alliée de la France. L'Empire austro-hongrois est, dès le 28 juillet, entré en guerre contre la Serbie. L'engrenage des alliances, des ultimatums, des mobilisations, entraîne les nations dans sa mécanique sanglante. Berlin est solidaire de Vienne. Paris, lié à Londres, soutient Saint-Pétersbourg. En quelques heures, toutes les grandes gares européennes ressemblent à la gare de l'Est.

Et dans les campagnes on réquisitionne les chevaux.

Des millions d'hommes s'apprêtent à revêtir l'uniforme, à prendre les armes, à marcher vers les frontières.

Ils n'imaginent pas, en ces premiers jours d'août, que des centaines de milliers d'entre eux vont mourir ou être blessés avant que l'année 1914 ne se termine.

Avec leurs pantalons couleur garance, les fantassins français sont, dans les blés mûrs, des cibles que fauchent les mitrailleuses allemandes. En trois semaines, l'armée française dénombre 80 000 tués (on avance même 150 000 !) et 100 000 blessés.

Au mois de décembre 1914, le total de ces pertes s'élèvera à 900 000 hommes, dont 300 000 morts. Et les armées des autres belligérants – Allemands, Austro-Hongrois, Russes, Serbes, Anglais – subissent des saignées du même ordre.

Le premier, ou l'un des premiers tués français, Pouget, du 12e régiment de chasseurs à cheval, tombe le lundi 3 août sur la frontière franco-allemande, en Meurthe-et-Moselle, alors que Berlin va notifier – ce même 3 août – à Paris que l'Allemagne lui déclare la guerre.

Qui se souvient de ces centaines de milliers de morts de l'année 1914 ?

Leurs noms composent la longue et douloureuse préface du XXe siècle. Ils sont enfouis sous les dix millions de cadavres qui vont s'entasser au fil des combats jusqu'à l'armistice du 11 novembre 1918.

Et s'ajoutent à eux les cinquante millions de morts de la Deuxième Guerre mondiale, fille de la première[1].

Ainsi si l'on veut comprendre les tueries du XXe siècle, il faut retrouver les premiers morts, ceux de l'année 1914, établir le déroulement chaotique des événements, cette chronologie qui conduit de la paix des premiers mois de 1914 à l'incendie qui embrase l'Europe à compter de juin et brûle les blés mûrs du mois d'août.

La *gueule* du XXe siècle a été *cassée*, durant l'année 1914. Ces douze mois ont décidé du sort du monde.

---

1. Max Gallo, *Une histoire de la 2e Guerre mondiale*, 5 volumes, Paris, XO Éditions, 2010-2012.

Le général Lyautey, qui commandait les troupes françaises en garnison au Maroc, l'a immédiatement compris.

À Casablanca, le 27 juillet 1914, alors que s'ouvrent les portes de la guerre, il s'écrie devant ses proches :

« Ils sont complètement fous ! Une guerre entre Européens, c'est une guerre civile, la plus monumentale ânerie que le monde ait jamais faite ! »

Quelques semaines plus tard, le jeune sous-lieutenant Charles de Gaulle, qui le 15 août a été blessé sur la Meuse, écrit dans son carnet de notes :

« Calme affecté des officiers qui se font tuer debout ; baïonnettes plantées aux fusils par quelques sections obstinées ; clairons qui sonnent la charge, dons suprêmes d'isolés héroïques... Rien n'y fait. En un clin d'œil, il apparaît que toute la vertu du *monde* ne prévaut point contre le feu. »

Ces deux témoins, dès les premières heures du conflit, en ont donc mesuré les conséquences politiques et militaires.

Et d'autres avant eux ont pressenti que la guerre approchait non pas discrète et masquée, mais dépoitraillée et claironnante.

Le monarchiste Albert de Mun, député rallié aux institutions républicaines, écrit ainsi dans *L'Écho de Paris* : « L'Europe entière, incertaine et troublée, s'apprête pour une guerre inévitable dont la cause immédiate lui demeure encore ignorée, mais qui s'avance vers elle avec l'implacable sûreté du *destin*... »

2.

En ce mois de décembre 1913, à Paris et dans les autres capitales européennes, on ne commente pas les propos fatalistes du comte Albert de Mun. Mais on sait que la guerre rôde, cherchant des proies. On se prépare à l'affronter, on réclame de nouveaux moyens en hommes, en armement. C'est une course de vitesse dans laquelle, sous la pression des milieux militaires, s'engage chaque nation.

À Londres, le nouveau lord de l'Amirauté, Winston Churchill, déclare à la Chambre des communes en martelant de ses poings le pupitre :

« Si l'Allemagne construit deux cuirassés Dreadnought, nous en construirons quatre, et six si elle en construit trois ! »

La presse française applaudit.

Paris est la clé de voûte de la *Triple-Entente*, qui lie l'Angleterre, la France et la Russie. Et le tsar Nicolas II, dont le régime est ébranlé par ses défaites de 1905 au Japon et la même année par une vague révolutionnaire durement réprimée, félicite la France de répondre à une loi votée par le Reichstag qui augmente les effectifs de l'armée allemande par une loi qui porte la durée du service militaire de deux à trois ans.

Face à cette Triple-Entente, l'Allemagne a constitué avec l'Autriche-Hongrie et l'Italie une *Triplice* dans laquelle Berlin joue le premier rôle, craignant qu'en cas de conflit la tenaille France-Russie ne broie l'Allemagne entre deux fronts.

Et les causes de tension entre les deux systèmes d'alliance sont nombreuses.

Qui, en France, a oublié l'*année terrible* – 1870-1871 –, quand en quelques mois la France est vaincue, amputée de l'Alsace et de la Lorraine, contrainte de verser à l'Allemagne cinq milliards de francs-or, et humiliée.

Albert de Mun, officier de cuirassé en 1870, fait prisonnier à Metz, se souvient.

Il a sangloté quand il a appris que, le 18 janvier 1871 – jour anniversaire de la fondation du royaume de Prusse le 18 janvier 1701, à Königsberg –, l'Empire allemand a été proclamé dans la galerie des Glaces du château de Versailles.

C'est devant des dignitaires en uniforme – Bismarck porte celui de cuirassier – que le roi de Prusse devient le kaiser, Guillaume Ier, empereur d'Allemagne.

Les éperons germaniques ont rayé le parquet de la galerie du Roi-Soleil.

En 1888, Guillaume II, petit-fils de Guillaume Ier, prend à son tour le titre d'empereur.

L'empereur Guillaume II.

Mais la blessure de 1871 ne se cicatrise pas.

Albert de Mun y pense sans cesse.

Il est nationaliste comme Maurice Barrès ou Charles Maurras – qu'il côtoie à l'Académie française. Proche de Paul Déroulède, le chantre de la *Revanche*, il vibre comme une partie de la jeunesse estudiantine à l'évocation de la patrie, au souvenir de l'Alsace et de la Lorraine.

On chante :

« Vous n'aurez pas l'Alsace et la Lorraine
Et malgré vous nous resterons français
Vous avez pu germaniser la Plaine
Mais notre cœur, vous ne l'aurez jamais. »

Il a soutenu le Lorrain Raymond Poincaré, devenu président du Conseil en 1912, puis élu président de la République, le 17 janvier 1913.

En fait, la guerre rôde depuis une dizaine d'années déjà.

Guillaume II, le 31 mars 1905, débarque de son yacht à Tanger. Il parcourt casqué, sabre au côté, revolver à la ceinture, les ruelles de la ville. Or la France veut établir son protectorat sur le royaume marocain. Et le kaiser précise que sa visite a « pour but de faire savoir qu'il est décidé à faire tout ce qui est dans son pouvoir pour sauvegarder les intérêts de l'Allemagne au Maroc ».

En 1911, nouvelle tension entre la France et l'Allemagne toujours à propos du Maroc. Un navire de guerre allemand – le *Panther* – veut mouiller devant Agadir.

Ces crises révèlent les divisions qui fragmentent la vie politique française.

Il y a ceux comme Albert de Mun, Raymond Poincaré, et le ministre des Affaires étrangères Théophile Delcassé qui, comptant sur l'Alliance russe, sont prêts à prendre des risques d'affrontement avec l'Allemagne.

L'ambassadeur russe à Paris, Isvolsky, partisan de la guerre contre l'Allemagne qui redorerait le blason du tsar, achète avec des « roubles roulants » journaux et journalistes afin qu'ils soutiennent l'Empire russe.

Cette politique a une autre face : Saint-Pétersbourg place des emprunts auprès des banques françaises qui diffusent dans la bourgeoisie ces « titres » de l'empire du tsar.

Ainsi la politique étrangère de Delcassé et de Poincaré a le soutien des couches sociales aisées et rentières.

Et puis il y a les « prudents », les « réalistes », les « pacifistes », les « internationalistes », socialistes comme Jaurès, radicaux comme Joseph Caillaux (président du Conseil en 1911) qui condamne la « politique d'étourneau de Delcassé », ce « lilliputien halluciné » selon Jaurès.

En 1905, Delcassé est contraint, devant les oppositions à sa politique de confrontation, à la démission.

La crise marocaine est maîtrisée comme le sera celle de 1911, mais l'opinion découvre que la guerre, que l'on croyait écartée depuis 1870, rôde de nouveau.

Les Français les plus lucides, comme les Allemands les plus attentifs, le comprennent. La guerre n'est pas qu'un souvenir douloureux ou euphorique, mais un avenir possible. La bête est là qui montre ses crocs.

L'historien Jules Isaac témoigne :

« Pour qui a vécu ces événements, l'année 1905 marque un changement du destin ; l'acheminement à la guerre part de là. Avant, on parlait de la paix et de la guerre, mais nous, du moins ceux des générations nées après 1870, on ne savait pas de quoi on parlait : la paix était une habitude, l'air que chacun respirait sans y penser ; la guerre était un mot, un concept purement théorique. Quand soudain nous eûmes la révélation que ce concept pouvait se muer en réalité, nous éprouvâmes dans tout l'être un choc dont le souvenir n'a pu s'effacer. »

De l'autre côté du Rhin, l'étudiant Ernst Jünger ajoute : « Élevés dans une ère de sécurité, nous avions tous la nostalgie de l'inhabituel, des grands périls. La guerre nous avait donc saisis comme une ivresse... Nul doute que la guerre ne nous offrît la grandeur, la force, la gravité. Elle nous apparaissait comme l'action virile... »

L'écrivain Charles Péguy a lui aussi le sentiment qu'avec la crise de 1905 « une période nouvelle avait commencé dans l'histoire de ma propre vie, dans l'histoire du pays, et assurément dans l'histoire du monde ».

L'intellectuel dreyfusard qu'il avait été, l'ami de Jaurès, va devenir un patriote intransigeant, acceptant la guerre.

« Puisqu'il faut y aller, dit Péguy, j'aime bien mieux que ce soit moi que mes enfants. »

Les propos d'Albert de Mun, de Jünger ou de Péguy et de tant d'autres expriment bien plus qu'un fatalisme, ou l'acceptation passive de l'avenir, mais un *désir de guerre*, et un espoir.

C'est un changement des valeurs qui s'opère dans les premières années du XXe siècle et que les réactions face aux crises – marocaines en 1905 et 1911, guerres dans les Balkans en 1911, 1912 – révèlent.

Tous les pays européens sont touchés.

L'Italien Filippo Marinetti publie en janvier 1909 le *Manifeste du Futurisme.*

« Nous voulons chanter l'amour du risque, l'habitude de l'énergie et de la témérité, écrit-il. Le courage, l'audace et la révolte seront les éléments essentiels de notre poésie... Il n'y a plus de beauté que dans la lutte... Nous voulons glorifier la guerre – *seule hygiène du monde* –, le militarisme, le patriotisme, le geste destructeur des anarchistes, les belles idées pour lesquelles on meurt, et le mépris de la femme... Nous voulons détruire les musées, les bibliothèques, les académies de toute sorte et combattre le moralisme, le féminisme, et toutes les autres lâchetés opportunistes et utilitaires. Nous chanterons les foules agitées par le travail, par le plaisir ou par l'émeute... Nous fondons aujourd'hui le *Futurisme*, parce que nous voulons délivrer l'Italie de sa gangrène de professeurs, d'archéologues, de cicérones et d'antiquaires... »

Et Marinetti s'écrie : « Nous sommes sur le promontoire extrême des siècles. »

Certains socialistes se laissent fasciner par cette guerre qui rôde, pervertit la raison, récuse les valeurs de l'humanisme.

Ceux-là – comme en 1911 Bébel, le socialiste allemand le plus éminent – imaginent que « la guerre mondiale sera suivie d'une révolution mondiale » qui balaiera les classes dirigeantes.

« Vous récolterez ce que vous avez semé, poursuit Bébel. Le crépuscule des dieux approche pour le régime bourgeois. »

Jaurès s'insurge contre ce « désir de guerre » même si, concède-t-il, « d'une guerre européenne peut jaillir la révolution ».

« Mais de la guerre européenne, écrit-il en visionnaire, peuvent sortir aussi pour une longue période des crises de contre-révolution, de réaction furieuse de nationalisme exaspéré, de dictature étouffante, de militarisme monstrueux, une longue chaîne de violences rétrogrades et de haines basses, de représailles et de servitudes[1]. »

« Et nous, dit Jaurès, parce que nous savons cela, nous ne voulons pas jouer à ce jeu de hasard barbare, nous ne voulons pas exposer sur ce coup de dés sanglant la certitude d'émancipation progressive des prolétaires… »

Mais comment cette analyse si lucide pourrait-elle résister au *désir*, à la passion, au futurisme, à cette guerre à venir ressentie comme « seule hygiène du monde » ?

Et puis, il y a l'orgueil français piétiné par la défaite de 1870.

1. Ce que sera, après la Première Guerre mondiale, le XXe siècle : bolchevisme, fascisme, nazisme, extermination, destructions.

Albert de Mun et les nationalistes veulent effacer l'humiliation imposée à la France par Bismarck, et réunir à nouveau à la Mère Patrie l'Alsace et la Lorraine. Comment pourrait-on le faire sans guerre ?

On connaît en France les propos méprisants de Bismarck.

« Les Français ne sont pas aussi exemplaires qu'on a coutume de le dire, a confié à ses proches le chancelier allemand. Comme nation, ils ressemblent à certaines gens de nos classes inférieures. Ils sont étroits d'esprit et brutaux, forts physiquement, fanfarons, impudents et, par leur comportement arrogant et violent, ils s'attirent l'admiration de ceux qui leur ressemblent. »

Et avec une moue dédaigneuse, il a ajouté : « La France est une nation de pantins… Ils ressemblent à trente millions de nègres serviles. »

L'historien Heinrich von Treitschke justifie l'annexion de l'Alsace et de la Lorraine en écrivant :

« Ces pays sont nôtres par le droit de l'épée, mais nous entendons en disposer en vertu d'un droit supérieur, le droit de la nation allemande qui ne peut autoriser des fils perdus à se soustraire pour toujours à l'Empire allemand. Nous autres Allemands, puisque nous connaissons et la France et l'Allemagne, savons mieux ce qui est bon pour les Alsaciens que ces malheureux. Contre leur propre volonté nous entendons les rendre à leur propre identité. L'esprit d'un peuple n'embrasse pas seulement la génération présente, mais aussi les générations passées. Nous invoquons la volonté des morts contre la volonté des vivants[1]. »

Ce sont deux conceptions de la nation qui s'opposent. L'allemande fondée sur le « sang », et la française qui fait de la nation un « plébiscite de chaque jour » (Renan).

La guerre, avec la question de l'Alsace et de la Lorraine, a donc une proie de choix.

En octobre 1911, elle trouve un nouveau terrain de chasse dans les Balkans.

La Serbie et la Bulgarie veulent profiter des faiblesses de la Turquie, « l'homme malade de l'Europe », pour arracher à l'Empire ottoman ses provinces européennes au moment où les troupes turques font face en Tripolitaine et Cyrénaïque à une agression italienne qui vise à se constituer en Libye une colonie.

Le Monténégro et la Grèce adhèrent au projet serbe et bulgare de créer une Ligue balkanique (13 mars 1912).

La Russie l'appuie. Elle veut se servir des Slaves pour affaiblir la Turquie et l'Autriche-Hongrie. Mais cet Empire que gouverne à Vienne l'empereur François-Joseph est l'allié de l'Allemagne de Guillaume II.

Et la France est l'alliée de la Russie !

La guerre renifle cet engrenage.

On se bat dans les Balkans.

1. Cité dans le remarquable *Bismarck* de Jean-Paul Bled, Paris, Perrin, 2011.

Raymond Poincaré.

En 1912, le Lorrain Raymond Poincaré, qui se souvient de l'entrée des Prussiens à Bar-le-Duc, sa ville natale, quand il était enfant, est président du Conseil.

Il se rend en Russie où il est accueilli avec l'éclat qu'on doit à un chef d'État... qu'il n'est pas encore.

Le tsar le reçoit à déjeuner. Poincaré confère longuement avec le ministre des Affaires étrangères, Sazonov, et il insiste pour que les Russes construisent des lignes de chemin de fer jusqu'à la frontière avec l'Allemagne afin, en cas de guerre, d'y transporter rapidement des troupes.

On s'inquiète en Allemagne.

Les généraux – dont von Moltke – répètent que le Reich ne peut mener une guerre victorieuse contre un assaut coordonné des Français et des Russes.

L'ambassadeur allemand à Paris, le baron von Schoen, rapporte que Raymond Poincaré, à son retour en France – en août 1912 –, a été acclamé par la foule.

Le président du Conseil avait confié à ses proches que le tsar Nicolas II l'avait félicité pour ses efforts en faveur du « réveil militaire et national français ». Et Poincaré a promis aux Russes que les banques françaises étaient prêtes à placer un nouvel emprunt russe destiné précisément à la construction de lignes de chemin de fer stratégiques.

Poincaré, à Nantes, a prononcé un grand discours salué par toute la presse.

Le président du Conseil, d'une voix vibrante, résolue, a déclaré, faisant allusion aux « guerres balkaniques » :

« Il n'a pas dépendu de nous de conserver la paix aux autres ; pour nous la conserver à nous-mêmes il faut garder en nous toute la patience, toute l'énergie d'un peuple qui ne veut pas la guerre, mais qui pourtant ne la craint pas... Tant qu'il y aura sur la surface du globe des peuples capables d'obéir inopinément à un idéal belliqueux, les peuples les plus sincèrement fidèles à un idéal de paix sont dans l'obligation de rester prêts à toute éventualité. »

Le 17 janvier 1913, avec le soutien des voix des parlementaires monarchistes, nationalistes et catholiques, rassemblés par le comte Albert de Mun, Raymond Poincaré est élu président de la République par 483 voix contre 296 à son adversaire – Jules Pams – soutenu par la « délégation des gauches » et 69 voix au candidat socialiste.

Un parlementaire lance : « Poincaré, c'est la guerre. »

La foule à Paris fait une ovation au nouveau président. Des cortèges se forment et convergent vers l'Élysée, puis vers l'Hôtel de Ville. Au moins 300 000 personnes manifestent ainsi leur joie, et Charles Péguy s'enthousiasme et écrit : « M. Poincaré est venu au pouvoir par un mouvement populaire profond, par un ressaut continué d'énergie nationale qui est bien tout ce que l'on peut imaginer de plus diamétralement contraire au mouvement intellectuel et jauressiste de capitulation. »

C'est bien la défaite de Jaurès, des partisans d'une politique extérieure prudente.

Le 20 février 1913, deux jours après la transmission des pouvoirs, Poincaré dans son premier message aux parlementaires, salué par de longs applaudissements, déclare :

« Il n'est possible à un peuple d'être efficacement pacifique qu'à la condition d'être toujours prêt à faire la guerre. »

L'historien Ernest Lavisse, sommité respectée de la Sorbonne, avait écrit dès 1909 : « L'Europe aura donc la guerre parce qu'elle se prépare à la guerre. »

Au premier Conseil des ministres que préside Poincaré, l'ambassadeur de France à Saint-Pétersbourg est remplacé par Théophile Delcassé, l'ancien ministre des Affaires étrangères qui avait été contraint de démissionner en 1905, durant la « crise marocaine ».

Et les Russes sont représentés à Paris par Isvolsky, lui aussi ancien ministre des Affaires étrangères de son pays.

C'est bien une politique de « fermeté » à l'égard du IIe Reich qui s'organise alors que Berlin est lui-même entraîné par ses généraux à réagir à la politique française.

Sous le vernis des analyses qui se prétendent rationnelles, c'est *le désir de guerre* qui l'emporte.

À Berlin et à Paris, on vote pour le renforcement des effectifs des armées (loi des Trois Ans en France).

Quant aux ambassadeurs Isvolsky et Delcassé, leur conviction est faite. La guerre devient, comme l'écrit Albert de Mun, « inéluctable », avec « l'implacable sûreté du destin ».

Jaurès, lors du congrès de l'Internationale socialiste qui se tient en novembre 1912, dans la cathédrale protestante de Bâle, s'insurge, suscite des ovations dans un discours inspiré par l'inscription gravée sur l'une des cloches :

« *Vivos voco, mortuos plango, fulgura frango… J'appelle les vivants* pour qu'ils se défendent contre le monstre qui paraît à l'horizon ; *je pleure sur les morts* innombrables couchés là-bas vers l'Orient et dont la puanteur arrive jusqu'à nous comme un remords ; *je briserai les foudres* de la guerre qui menace dans les nuées. »

Il n'est pas entendu.

Il est devenu sous la plume de journalistes – nombreux sont stipendiés par l'ambassadeur russe – et des « nationalistes » *herr Jaurès*, agent de l'Allemagne ! Et ce sont Isvolsky et Delcassé, Poincaré et l'état-major allemand qui tiennent les rênes du pouvoir.

Delcassé, dès le lendemain de sa nomination à Saint-Pétersbourg, confie à Maurice Paléologue, directeur des Affaires politiques au quai d'Orsay, ses intentions. « Il faut que l'armée russe soit en état de prendre une vigoureuse offensive dans les plus brefs délais, quinze jours au maximum, voilà ce que je ne cesserai de prêcher au tsar. Quant aux balivernes diplomatiques, aux vieilles calembredaines de l'équilibre européen, je m'en occuperai le moins possible, ce n'est que du verbiage. »

Ce refus de la négociation signifie admettre la guerre comme perspective, comme probabilité !

Le hautain et arrogant Isvolsky, devenu familier de l'Élysée, est lui aussi un « ambassadeur de guerre », persuadé que la survie de l'Empire russe, menacé depuis 1905 par la poussée révolutionnaire des bolcheviques de Lénine, passe par une politique extérieure offensive qui rassemblerait le peuple russe autour de Nicolas II.

« M. Poincaré m'a exprimé le désir de me voir souvent, écrit Isvolsky. Il m'a prié de m'adresser directement à lui toutes les fois que cela m'apparaîtra désirable : une pareille dérogation aux usages peut, dans les circonstances difficiles de l'heure présente, nous être profitable et très commode... »

Poincaré offre à son allié russe un appui sans réserve, et il rejette ainsi toute idée de compromis avec l'Allemagne, comme celui qu'avait conclu Joseph Caillaux à propos du Maroc en 1911.

Le tsar Nicolas II approuve Poincaré pour sa politique, dont la loi élevant à trois ans la durée du service militaire sera la pièce maîtresse.

« Une nation pour être forte, dit Nicolas II, doit avoir l'esprit militaire. » Il se réjouit vivement de l'état d'esprit qu'il constate chez nous. Il félicite le gouvernement français de l'entretenir et de le développer.

À Berlin, on suit avec attention l'évolution de la politique française conduite par Poincaré, Delcassé et le ministre de la Guerre, Alexandre Millerand.

Les diplomates allemands qui voyagent en France constatent qu'on crée dans toutes les villes des sociétés de gymnastique afin que les jeunes gens soient aptes au service militaire.

Dans les villes de garnison, le samedi soir, des défilés avec fanfare parcourent les rues des quartiers populaires, et les enfants font la roue devant les tambours, les clairons, les cors de chasse.

L'armée doit être l'armée du peuple. Et Millerand comme l'état-major veulent en finir avec la propagande antimilitariste, anarchisante ou socialiste qui présente les officiers – l'adjudant – comme des « peaux » et des « gueules de vache ».

Jaurès tente, en 1911, dans un livre, *L'Armée nouvelle*, de concevoir une autre relation entre l'esprit militaire, le peuple et le patriotisme, compatible avec une politique extérieure prudente. Il n'est pas entendu.

En 1913, alors que la loi portant à trois ans le service militaire est représentée à la Chambre des députés (juillet-août), Jaurès est la cible de tous les grands journaux, des milieux nationalistes.

Le 13 mars 1913, dans *L'Écho de Paris*, le chroniqueur Franc-Nohain écrit :

« La France parle, taisez-vous, monsieur Jaurès ! Et comme cet avis a son importance, et pour être sûr de me faire comprendre de vous et de vos amis, je traduis à leur intention et à la vôtre *Frankreich spricht, still, Herr Jaurès !* »

Jaurès, la presse le martèle, est un « agent de l'Allemagne ».

Le Temps, le quotidien qui fait autorité, dont on loue la mesure et qui est une sorte de *Journal officieux*, écrit : « Voilà dix ans que Jaurès est en toute affaire contre l'intérêt national, l'avocat de l'étranger. »

Charles Péguy, devenu un patriote exalté, met sa passion et son talent au service de sa nouvelle cause :

« En temps de guerre, dit-il, il n'y a qu'une politique, et c'est la politique de la Convention nationale. Mais il ne faut pas se dissimuler que la politique de la Convention nationale, c'est Jaurès dans une charrette et un roulement de tambour pour couvrir cette grande voix. »

Voilà Jaurès promis à la guillotine.

Et cependant, le 2 décembre 1913, le gouvernement présidé par Louis Barthou – un fidèle de Poincaré – est renversé.

Il a réussi à faire voter la loi des Trois Ans, mais il tombe sur les modalités fiscales d'un emprunt de 1 300 millions de francs destiné à financer les dépenses militaires nouvelles. Joseph Caillaux a mené la charge exigeant pour les souscripteurs de l'Emprunt la suppression de l'immunité fiscale.

Et les députés socialistes ont crié à Barthou, lorsqu'il sort vaincu de la salle des séances du Palais-Bourbon : « À bas la loi des Trois Ans ! »

Un gouvernement de transition est constitué sous la présidence du radical Gaston Doumergue. Il s'engage à ne pas toucher à la loi des Trois Ans. Son sort sera tranché aux élections législatives prévues au printemps de 1914.

Ces cinq mois d'ici là, chacun prévoit qu'ils seront le théâtre d'affrontements sévères entre les partis. La passion est trop forte, les mises trop élevées.

C'est toute la politique extérieure de la France qui est sur le tapis.

Les dirigeants allemands croient impossible un changement d'orientation à Paris.

En novembre 1913, recevant à Potsdam Albert Ier, roi des Belges, Guillaume II lui confie : « La guerre avec la France est inévitable et prochaine. »

Le général von Moltke répète : « Inévitable et le plus tôt serait le mieux. »

Il faut devancer le renforcement de la « tenaille » franco-russe, prendre de vitesse la modernisation de l'armée russe, la construction des chemins de fer vers la frontière allemande.

Une fois la France brisée par une offensive éclair – le plan du général comte Alfred von Schlieffen la prévoit depuis 1891 et envisage la violation de la neutralité belge afin de pouvoir prendre à revers l'armée française –, la Russie sera à son tour vaincue.

À Albert Ier, Guillaume II ne révèle évidemment pas que von Schlieffen et von Moltke envisagent de traverser et d'occuper la Belgique. Il ne précise pas que la stratégie allemande est celle d'une « guerre préventive ».

Guillaume II répète seulement au roi des Belges :

« La France elle-même, en effet, veut la guerre et elle s'arme dans cette intention, comme l'indique le vote de la loi sur le service militaire de trois ans. Le langage de la presse française montre d'ailleurs une hostilité croissante à notre égard. L'esprit de revanche du peuple français se manifeste de manière de plus en plus agressive. »

Écoutant ces propos, le roi des Belges a en mémoire les dépêches que lui adresse le baron Guillaume, représentant de la Belgique à Paris. Le diplomate écrivait :

« Ce sont MM. Poincaré, Delcassé, Millerand et leurs amis qui ont inventé et poursuivi la politique nationaliste, cocardière et chauvine dont nous avons constaté la renaissance. C'est un danger pour l'Europe... J'y vois le plus grand péril qui menace aujourd'hui la paix de l'Europe[1]. »

En fait, le renversement du gouvernement Barthou, le 2 décembre 1913, aux cris de « À bas la loi des Trois Ans » montre bien que l'opinion française est divisée.

Le *désir de guerre*, la soif de *revanche* sont réels mais n'impliquent pas de décision réfléchie, arrêtée de provoquer la guerre, encore moins de la déclarer. Le souvenir de 1870, quand Napoléon III l'a fait, est trop cuisant.

1. Cité par Jean-Jacques Becker, dans *L'Année 14*, ouvrage indispensable, Paris, Armand Colin, 2004.

En fait, il s'agit de la mise en œuvre d'une politique qui prend le *risque de la guerre*, persuadée que *l'Autre*, l'Allemand vainqueur en 1871, celui qui a arraché l'Alsace et la Lorraine des bras de la Mère Patrie, se prépare à attaquer la France, parce qu'il veut en finir avec elle qui, depuis 1871, s'est reconstruite, redressée, constituant un vaste empire colonial.

Mais il est vrai que prendre le *risque de la guerre*, entretenir le *désir de guerre*, évoquer la *Revanche*, c'est attirer la « bête », cette guerre qu'on n'a pas vraiment choisie.

L'attaché militaire français à Berlin écrit ainsi : « Nos manifestations sont non seulement utilisées mais exagérées par la presse allemande... Ainsi l'idée pourrait se développer dans ce pays qu'une guerre avec la France est inévitable. »

Un député français, Francis de Pressensé, ami de Jaurès, décrit en avril 1911 dans *L'Humanité* le climat du pays caractérisé, selon lui, par une « universelle lassitude, et un universel dégoût », car la République n'est plus qu'un conglomérat de « clientèles » qui se partagent les « fromages » de la République, grands ou petits privilèges, corruption de la morale républicaine, afin de s'attacher les électeurs.

« On voit, continue Pressensé, le plus grand nombre tomber dans une espèce de scepticisme gouailleur... qui a toujours été la préface de quelque sinistre aventure. »

Il conclut : « Il me paraît évident que nous glissons les yeux fermés sur une pente au bord de laquelle s'ouvre, béant, l'abîme d'une grande guerre. »

La guerre, un abîme ?

Une carnassière qui rôde, flairant ses proies ou bien, comme le répètent Marinetti et les futuristes, « l'hygiène du monde ».

En 1912, dans un hebdomadaire, *L'Opinion* – que l'on assure financé par les industries métallurgiques dont les maîtres sont rassemblés dans le Comité des Forges –, deux écrivains – Alfred de Tarde et Henri Massis – proches de Maurras signent sous le pseudonyme d'Agathon une enquête sur la jeunesse bourgeoise et parisienne.

Une mystique patriotique, le goût de l'action, l'acceptation de la guerre rassemblent la quasi-totalité des réponses.

« La guerre, le mot a repris un soudain prestige, écrit Agathon. C'est un mot tout jeune, tout neuf, paré de cette séduction que l'éternel instinct belliqueux a revivifié au cœur des hommes. Ces jeunes gens le chargent de toute la beauté dont ils sont épris et dont la vie quotidienne les prive. »

« La guerre est surtout à leurs yeux l'occasion des plus nobles vertus humaines, celles qu'ils mettent au plus haut : l'énergie, la maîtrise de soi, le sacrifice à une cause qui nous dépasse. »

L'enquête qui paraît sous le titre *Jeunes gens d'aujourd'hui* est comme l'écho français du *Manifeste du Futurisme*, de l'état d'esprit d'Ernst Jünger dans les années d'avant 1914.

« Les doctrines humanitaires ne font pas de disciples, poursuit Agathon. Tel professeur ne parle qu'avec prudence des méthodes allemandes par crainte des murmures ou des sifflets. »

Il cite des jeunes gens qui déclarent :

« Une guerre m'amuserait, elle nous amuserait tous... Un jour vint la boxe qui nous redonna enfin le goût du sang... La guerre n'était pas une bête cruelle et haïssable. C'était du sport pour de vrai tout simplement... Voilà où j'en suis et tous les sportifs avec moi. »

Agathon conclut qu'un « esprit de race » s'affirme.

« Jamais le mépris des rêveurs, des humanitaires, des imbéciles, des pacifistes, des piètres hypocrites ne se déclara plus spontanément. »

La presse et l'Académie française sont enthousiastes, l'enquête est publiée en livre qui se voit décerner un prix. Le journal *Le Matin* lui consacre sa première page le 23 janvier 1913 sous le titre : « Miracle de la jeunesse. Le réveil du sentiment national. »

Un journaliste du quotidien interroge le philosophe à la mode Henri Bergson qui confie :

« Comment ne pas se réjouir de voir une jeunesse plus hardie, plus audacieuse, plus consciente de ses responsabilités, plus française en un mot que les générations précédentes ? »

Cette jeunesse n'avait jamais connu, vu, imaginé ce qu'était la guerre à l'heure des mitrailleuses, des obus d'une tonne tirés par milliers, des gaz asphyxiants. Non pas un sport mais un abattoir, des hommes massacrés, asphyxiés, mutilés, aveuglés, leurs gueules cassées. Et les énormes rats insatiables, gros d'avoir bouffé à pleines dents la chair humaine qui pourrit dans les tranchées. Ces jeunes gens ne savaient pas ce que serait leur avenir.

La mobilisation générale ne sera décrétée que le dimanche 2 août 1914.

Le 2 août 1913, Jean Allard-Méeus, âgé de 22 ans, publie dans *L'Écho de Paris* le récit de la visite de sa classe sur la frontière de l'Est, près du village de Vionville, en Lorraine.

« Nous étions cent cinquante à peu près… tous les polytechniciens et les Cyrards du 6e corps… tous avec le même désir, le même but, et le même rêve ! À quelques pas de nous, le sol cessait brusquement d'être français et groupés autour des officiers qui nous racontaient la triste, hélas, et vieille histoire nous laissions très émus nos regards s'aller perdre là-bas en terre annexée[1]. »

Comment ces jeunes hommes – futurs officiers dont la plupart périront dès les premières semaines de la guerre –, le cœur rempli par l'émotion, par la passion patriotique, prêts au sacrifice suprême, pourraient-ils entendre la voix de Jaurès ?

Il prophétise que la guerre qui vient « sera le plus terrible holocauste depuis la guerre de Trente Ans ».

Il ajoute : « Le capitalisme ne veut pas la guerre, mais il est trop anarchique pour l'empêcher. Il n'y a qu'une force profonde de solidarité et d'unité, c'est le prolétariat international. »

Jaurès se trompe. Son « utopie » internationaliste l'aveugle, les peuples, les prolétaires endosseront l'uniforme de leur nation et défendront le sol sacré de la patrie.

1. Cité in Yves-Marie Adeline, *1914, une tragédie européenne*, Paris, Ellypses, 2011. Un essai historique, érudit et stimulant.

Et Jaurès oublie la calomnie.

Il sous-estime l'influence de Maurras qui écrit dans *L'Action française* :

« Il faut citer Jaurès, non seulement comme agitateur parlementaire funeste, mais comme l'intermédiaire entre la corruption allemande et les corrompus de l'antimilitarisme français… Une enquête sérieuse menée par un pouvoir national ferait apparaître par toute l'étendue de ses articles et de ses discours les tâches de l'or allemand. »

Jaurès oublie surtout le rejet du monde tel qu'il est par les poètes, les écrivains, tous ceux qui retrouvent le chemin de la nation et de la foi et qui rêvent d'une civilisation épurée dont la guerre serait la matrice. Et pour laquelle ils sont prêts à se sacrifier.

C'est Apollinaire qui publie en 1913 ce poème *Zone*, l'un des textes du recueil *Alcools* :

« À la fin tu es las de ce monde ancien

Bergère ô tour Eiffel le troupeau des ponts bêle ce matin

Tu en as assez de vivre dans l'antiquité grecque et romaine

[…]

Seul en Europe tu n'es pas antique ô Christianisme

L'Européen le plus moderne c'est vous Pape Pie X

[…]

C'est le Christ qui monte au ciel mieux que les aviateurs

Il détient le record du monde pour la hauteur… »

Jaurès oublie aussi ces poèmes que Charles Péguy publie en décembre 1913 sous le titre *Ève*.

Ils portent à l'incandescence la sensibilité de toute une nouvelle génération. Prête au don de soi, unissant la foi et la patrie, et toute l'Europe est concernée.

« *Gott mit uns*[1] » est gravé sur les ceinturons allemands.

Péguy – lieutenant de réserve, ne manquant aucune des périodes militaires auxquelles sont astreints les officiers de réserve – écrit :

« Heureux ceux qui sont morts pour la terre charnelle
Mais pourvu que ce fût dans une juste guerre.
Heureux ceux qui sont morts pour quatre coins de terre.
Heureux ceux qui sont morts d'une mort solennelle.
Heureux ceux qui sont morts dans les grandes batailles,
Couchés dessus le sol à la face de Dieu.
Heureux ceux qui sont morts sur un dernier haut-lieu.
Parmi tout l'appareil des grandes funérailles…
[…]
Heureux ceux qui sont morts, car ils sont retournés.
Dans la première argile et la première terre.
Heureux ceux qui sont morts dans une juste guerre.
Heureux les épis mûrs et les blés moissonnés. »

1. « Dieu est avec nous. »

LIVRE I

JANVIER-28 JUIN 1914

PREMIÈRE PARTIE

JANVIER-MAI 1914

3.

Le 1er janvier 1914, dans les salons du palais de l'Élysée, le doyen du corps diplomatique, l'ambassadeur du Royaume-Uni, sir Francis Bertie, présente ses vœux à Raymond Poincaré, président de la République.

Au premier rang de l'assistance se tient le baron von Schoen, l'ambassadeur de l'Empire allemand. À quelques pas, les yeux mi-clos, l'ambassadeur du tsar, Alexandre Isvolsky, sourit, approuve d'un hochement de tête les propos de sir Francis Bertie :

« L'année qui vient de s'écouler, dit le diplomate britannique, a vu se rétablir la paix, et tout nous permet d'espérer qu'elle ne sera plus troublée dans l'année qui commence. »

Il est vrai qu'on ne se bat plus dans les Balkans, mais aucun des ambassadeurs présents n'ignore que les Serbes n'ont pas renoncé à soulever les populations slaves des régions du sud de l'Empire austro-hongrois.

La société secrète la *Main Noire* chargée de cette mission est financée, dirigée par les services de renseignements de l'armée serbe.

Chacun de ces diplomates sait aussi que la course aux armements se poursuit et s'amplifie, que le chef du grand état-major allemand, von Moltke, est en relation constante avec son homologue autrichien Conrad de Hötzendorf.

En Alsace, à Saverne, des incidents ont eu lieu entre les militaires allemands et ceux qu'ils appellent des « voyous alsaciens ».

Plainte a été déposée contre ces officiers – colonel, lieutenant – qui ont poursuivi, malmené des civils.

Le procès s'est conclu à Strasbourg par l'acquittement du colonel von Reuter et du lieutenant Schadt. Mais la presse française ne s'enflamme pas, cite le *Berliner Tageblatt* – qu'elle qualifie de journal radical – qui écrit :

« Les représentants du régime du sabre à Saverne ont reçu une éclatante satisfaction. Il est évident qu'une ère nouvelle vient de commencer pour le parti militaire... »

On n'ajoute rien à ce commentaire allemand. On ne l'exploite pas. On n'évoque pas la revanche.

C'est comme si les vers de Charles Péguy, publiés il y a moins d'un mois, avaient été écrits dans une autre époque.

Péguy avait exalté le sacrifice.

« Heureux ceux qui sont morts dans une juste guerre. »

Il avait voué à la grande faucheuse les futurs mobilisés en écrivant : « Heureux les épis mûrs et les blés moissonnés. »

Mais en ce mois de janvier 1914, les mots de « guerre » et de « mort » sont bannis.

Sir Francis Bertie a parlé de *paix*.

La presse n'exalte pas l'énergie guerrière, mais le sport.

Oubliées les réponses à Agathon des jeunes qui pratiquaient la boxe et rêvaient de sang versé. On loue les nageurs qui ont plongé dans la Seine, alors que le fleuve charrie des glaçons.

Une immense foule rassemblée sur le pont Alexandre-III applaudit les dix jeunes courageux, « ouvriers et militaires en permission », précise la presse. Ils participent à une compétition organisée par la Société nationale d'encouragement à la natation.

On rend compte d'une plume critique du match de rugby France-Irlande auquel ont assisté vingt mille personnes. Elles tentaient de se réchauffer en s'agglutinant autour de braseros disposés dans les tribunes du vélodrome du Parc des Princes.

La France a d'abord mené, « mais comme il arrive à tous les grands conquérants l'équipe de France s'amollit dans la victoire ». Et les spectateurs ayant continué de l'acclamer, le journaliste ajoute : « Cela s'appelle une défaite. La France a été battue. »

Va-t-on vraiment connaître en 1914 une année sans crise, sans chauvinisme ?

Le climat politique a-t-il changé d'une année à l'autre ? De décembre 1913 à janvier 1914 ?

Le comte Albert de Mun s'est-il trompé en prédisant une « guerre inévitable » ?

Le président de la République – « Poincaré la guerre ! », l'avaient stigmatisé ses adversaires – a longuement serré la main, lors de la réception du corps diplomatique le 1er janvier, au baron Schoen.

On a vu Poincaré réunir dans la grande salle du théâtre du Trocadéro 4000 enfants, les bons élèves et leurs familles, fêter Noël et la nouvelle année autour d'un immense sapin placé au centre de la scène. Dans sa loge, accompagné de sa femme, Poincaré applaudissait aux pitreries des clowns, aux sauts périlleux des acrobates. Il paraissait détendu, moins austère qu'à l'habitude. Ces signes marquent-ils un tournant diplomatique ?

Théophile Delcassé – l'ancien ministre des Affaires étrangères du temps des crises avec l'Allemagne – vient de demander à quitter son poste d'ambassadeur à Saint-Pétersbourg afin de redevenir député. Il est remplacé par Maurice Paléologue, directeur des Affaires politiques au Quai d'Orsay, proche de Poincaré et de Delcassé, mais c'est un diplomate de carrière, peut-être enclin à la négociation !

1914 sera-t-elle l'année du grand compromis avec l'Allemagne ? Jamais depuis 1870-1971 les relations entre les deux puissances n'ont paru aussi peu conflictuelles.

Le 1er janvier, l'Opéra de Paris a été l'une des premières scènes européennes – devancé par l'Opéra de Bologne qui a débuté son spectacle à 0 h 01 – à représenter le *Parsifal* de Richard Wagner.

C'est le 1er janvier 1914 que l'œuvre de Wagner est tombée dans le domaine public.

Le Tout-Paris s'est précipité à la générale. Les rues voisines de l'Opéra sont encombrées par des voitures automobiles – on en compte déjà 100 000 en France – venues des châteaux proches de Paris, où l'aristocratie fête chez elle Noël et la Saint-Sylvestre.

Le *Frankfurt Zeitung* souligne le recueillement religieux qui a accueilli *Parsifal*.

La presse française a salué le génie de Wagner – se contentant de rappeler d'une phrase que « les vieux écrivains de chez nous écrivaient *Perceval* ». *L'Illustration*, le grand hebdomadaire, fait sa couverture d'un dessin représentant la scène finale du troisième acte, « le pur héros tenant élevée la sainte lance, gravit les marches de l'autel du Graal ».

On salue la mise en scène « francisée », « parisianisée » en certains détails, et la direction d'André Messager, mais on exalte surtout l'œuvre inégalable de Wagner.

Pourquoi et comment les élites de ces deux nations qui communient autour d'une œuvre de l'esprit dont elles partagent les racines devraient-elles, encore une fois, se déchirer ?

Leurs patriotismes peuvent se conjuguer dans l'élaboration d'une civilisation que prépare la révolution technique, celle de la voiture, de l'aéroplane, du dirigeable – un ingénieur alsacien, Spiess, avant l'Allemand Zeppelin, a construit l'un de ces « croiseurs des airs » et l'a offert... à l'armée française. En ce mois de janvier 1914, le dirigeable survole Paris.

La compétition pacifique mais sans concession est souhaitable, souligne-t-on en ce début d'année.

Avions et voitures français disputent les records aux allemands.

Un avion français relie Paris au Caire et lors de son étape à Jérusalem des élèves du collège Saint-Paul dirigé par des religieux français chantent :

« Que portes-tu, mon bel oiseau,
Quand déployant ton aile immense,
Toujours plus fier, toujours plus beau,
Tu fends l'azur, mon bel oiseau ?
Je porte ta gloire, ô France ! »

Le patriotisme s'exprime mais sans agressivité.

Le 20 janvier 1914, renouant avec une tradition abandonnée depuis des décennies, le président Poincaré a accepté l'invitation à dîner de l'ambassadeur allemand, le baron von Schoen.

Le baron von Schoen,
ambassadeur allemand à Paris.

Brillante soirée.

« Jamais sans doute depuis le temps de sa splendeur, l'hôtel du prince Eugène, qui est aujourd'hui l'ambassade d'Allemagne, ne vit devant son perron de marbre défiler tant d'équipages », écrit un journaliste de *L'Illustration*.

Après le dîner fleuri aux couleurs de la France – poursuit-il – et auquel assistent les ministres français et le président du Conseil Gaston Doumergue, il y eut une réception de toute l'aristocratie étrangère de Paris.

Les femmes qui pour la plupart portaient couronne ou diadème entouraient la présidente, Mme Poincaré, dont la coiffure se parait de deux tremblantes antennes.

« Et c'étaient des présentations en grand cérémonial avec de belles révérences de cour. »

Poincaré bavarde avec le baron von Schoen et le général Lyautey. « Atmosphère de détente et de courtoisie. »

Les journaux soulignent que le président de la République a déjà dîné à l'ambassade d'Autriche et à celle de Russie. Il a accepté une invitation de l'ambassadeur de Turquie puis de celui d'Italie.

N'est-ce pas la preuve qu'un nouveau climat s'est installé entre les puissances européennes en ce mois de janvier 1914 ?

C'est la première fois depuis l'avènement de la IIIe République en 1870 qu'un président se rend à l'invitation d'un ambassadeur d'Allemagne !

« Je ne vois aucune raison de maintenir un usage qui ressemble à une bouderie ! » confie Poincaré.

La conversation avec le baron von Schoen s'est bornée, dit-il, à « d'agréables propos de salon ».

Mais l'événement est historique. Poincaré s'attarde à dessein, afin que la signification politique de cette soirée soit claire.

« La France, explique-t-il, n'a dans sa manière de comprendre la paix ni réticence ni arrière-pensée. »

4.

Raymond Poincaré a-t-il convaincu son interlocuteur allemand et, au-delà de lui, l'opinion germanique des intentions raisonnables et pacifiques de la France ?

On peut en douter quand on lit les Mémoires du baron von Schoen. L'ambassadeur allemand veut bien reconnaître que le « président Poincaré s'est dépouillé de la réserve de ses prédécesseurs ». Mais il ajoute aussitôt : « L'empereur Guillaume II, à Berlin, a rompu aussi la glace en acceptant de se rendre à l'ambassade française après la conclusion du Traité pour le Maroc et le Congo[1]. »

Et pour von Schoen la visite de Poincaré est « simplement un acte de politesse qui s'élève au-dessus des difficultés politiques et je ne suis pas de l'opinion de gens disposés à conclure à une manifestation de haute politique ».

Le baron von Schoen ne croit donc pas à un changement de climat entre la France et l'Allemagne.

« Faire dévier les passions existant contre nous apparaissait chimérique, écrira-t-il. Les vents hostiles

1. La crise entre la France et l'Allemagne à propos du Maroc – 1905, puis 1911 – a été résolue par un compromis : à la France le protectorat sur le Maroc, à l'Allemagne des territoires en Afrique noire.

à l'Allemagne qui gonflaient chaque jour un peu plus les voiles de l'État français redoublaient de violence. »

En fait, et quoi qu'en pense le baron von Schoen, les visites des chefs d'État, Raymond Poincaré et Guillaume II, aux ambassades d'Allemagne et de France à Paris et à Berlin marquent en janvier 1914 une détente dans les relations internationales.

La guerre rôde toujours, mais elle paraît s'éloigner. Les crises marocaines et balkaniques ont été résolues. Et cependant, les gouvernements restent aux aguets.

Le président du Conseil français, Gaston Doumergue, dans les derniers jours du mois de janvier, obtient que le président de la République se rende en Russie au mois de juillet.

Tous les prédécesseurs de Poincaré ont accompli ce voyage rituel qui souligne l'importance que Paris attache à l'alliance russe.

Les services diplomatiques commencent donc à préparer dès janvier 1914 le déplacement du chef de l'État.

Le départ de Paris est fixé au 15 juillet et, sur le chemin du retour, Poincaré visitera Stockholm et Copenhague.

Poincaré, qui sera accompagné du président du Conseil, embarquera à bord du cuirassé *France*.

Gaston Doumergue ne s'illusionne pas.

Il y a fort peu de chances pour qu'il soit encore président du Conseil à cette date.

Les élections législatives doivent avoir lieu en mai-juin 1914 et la bataille électorale commence dès ce mois de janvier.

La gauche – Jaurès et Caillaux, le socialiste et le radical – va faire campagne contre la loi des Trois Ans de service militaire. Ce qui exacerbe les tensions entre, d'une part, les « nationalistes » ou simplement les « patriotes » et, d'autre part, les « internationalistes », les « pacifistes ».

Jaurès, qui avait ses entrées dans le salon intellectuel de la marquise Arconati-Visconti, s'en voit écarté. L'un des familiers de ce salon, le directeur des Beaux-Arts Henry Ronjen, a exigé l'exclusion de Jaurès :

« Jaurès consent par doctrinarisme révolutionnaire à laisser la France désarmée, a-t-il répété. Et qu'a-t-il derrière lui ? Toute l'armée de l'émeute et des sans-patrie… Non, décidément, il est préférable que nous évitions Jaurès, il n'est pas de la même humanité que nous. »

Jaurès, blessé, écrit à la marquise :

« Il m'est douloureux de voir quel malentendu nous sépare en une période aussi grave et combien vous méconnaissez l'effort vraiment *national* que je fais. J'ai la conviction absolue qu'on détourne ce pays de l'effort utile et qui égare sa bonne volonté. L'erreur que vous commettez à mon égard n'est pas une des moindres épreuves que j'ai à traverser en ces jours difficiles… »

Mais la porte de la marquise Arconati-Visconti demeure fermée à Jaurès.

Toute une partie de la société intellectuelle réaffirme son nationalisme et se replie sur la défense de la « civilisation française ».

André Gide – écrivain à la mode dont on loue le dernier livre *Les Caves du Vatican* – s'inquiète de « la marche si triomphante » de la littérature juive. Il écrit : « Que m'importe que la littérature de mon pays s'enrichisse si c'est au détriment de sa signification. Mieux vaudrait, le jour où le français n'aurait plus de force suffisante, disparaître plutôt que de laisser un malappris jouer son rôle à sa place, en son nom. »

On est loin de la vision de la France que prône Jaurès, au congrès du Parti socialiste qui s'ouvre à Amiens, le 26 janvier 1914.

C'est une autre France qui s'affirme.

Il faut, lance Jaurès, battre le « chauvinisme et la réaction militaire » aux élections de mai-juin 1914. « Allons au combat », conclut-il, salué par une ovation et le chant de *L'Internationale*.

Mais la voix de Jaurès a tressailli plusieurs fois.

Jaurès a 55 ans. Chaque jour, il subit les attaques haineuses des nationalistes. Il est menacé de mort. Lucide, il mesure les dangers de la situation internationale. Sa sensibilité à vif, son intelligence le conduisent à l'angoisse et au pessimisme.

Il met en garde contre la critique de la raison, qui exalte la guerre, la violence, « ces forces inférieures de barbarie qui prétendent, par une insolence inouïe, être les gardiennes de la civilisation française ».

On le sent affecté par la mort de plusieurs de ses camarades, de son ami Francis de Pressensé qui voyait venir la guerre. Et c'est avec des accents religieux que Jaurès évoque « l'invincible espérance qui est en nous… La puissance de vie qui est dans le socialisme emporte toutes les misères et dissipe toutes les ombres des destinées individuelles ».

Et il conclut : « La route est bordée de tombeaux, mais elle mène à la *justice.* »

Paul Déroulède.

Cette phrase, il suffirait d'y remplacer *justice* par *revanche* pour qu'elle soit reprise par les 100 000 personnes qui, brandissant des drapeaux, entonnant une *Marseillaise* vibrante, accueillent, le 3 février 1914 à la gare de Lyon, la dépouille de Paul Déroulède qui depuis des décennies est de tous les combats nationalistes, animant la Ligue des patriotes. Il est mort à Nice le 30 janvier.

Le président Poincaré a salué par un message le décès du nationaliste.

Le cortège funèbre où l'on reconnaît Charles Maurras et de nombreux députés et ministres (Barthou, Briand...) se rend à l'église Saint-Augustin. Il s'est arrêté place de la Concorde devant la statue voilée de crêpe noir qui symbolise Strasbourg. Les drapeaux s'inclinent.

La foule crie à plusieurs reprises « Vive la France ! ».

Et dans de nombreuses villes – Grenoble, Nancy, Bordeaux –, des centaines d'étudiants d'Action française, des Camelots du roi, se sont rassemblés pour saluer le combattant de 1870, l'auteur des *Chants du soldat*, Paul Déroulède, en qui la presse voit « le sauveur de l'idée de revanche ».

L'apaisement, en janvier 1914, est plus une apparence qu'une réalité. La guerre continue de rôder.

5.

La revanche ?
Elle ne peut être que « guerrière ».

Durant tout le mois de février 1914, les hommages à Déroulède se multiplient. C'est le « soldat » qu'on célèbre. On rappelle ses combats en 1870-1871.

« Voilà donc les champs de bataille, écrit l'académicien Henri Lavedan, où notre imberbe chasseur à pied, mince, sec, efflanqué… se dresse si bien planté sur ce vieux sol qu'il faut défendre et ne jamais céder… Ne dites pas qu'il est mort… Il marche, il va, il cogne aux portes… frappe aux vitres. Il parle. Que dit-il ? Il dit : “Toujours… Quand même. Toujours… Quand même.” Il ne dit que ça, en français. Et ce n'est pas un conte bleu. »

La visite, le dîner de Raymond Poincaré à l'ambassade d'Allemagne semblent appartenir à un temps déjà lointain.

Aujourd'hui, un mois plus tard, le président de la République lance d'un ton martial :

« Plus que les sans-patrie déclarés, je redoute les docteurs insidieux en pacifisme et les conseilleurs de lâcheté. »

Il oppose *La Marseillaise* à *L'Internationale*, le drapeau tricolore au drapeau rouge.

Jean Jaurès est à l'évidence visé. Poincaré est entré en campagne électorale. Les élections se dérouleront dans deux mois, et la loi des Trois Ans de service militaire sera au cœur de la confrontation.

« Je suis pour la France, conclut Poincaré, contre tous ceux qui la trahissent, la renient ou la désertent. »

La presse le soutient, les écrivains exaltent le patriotisme.

Jean Cocteau, dont le talent a déjà été remarqué, alors qu'il n'a que 25 ans, publie un *Hymne au général Joffre*, chef d'état-major de l'armée depuis 1911, partisan déterminé de la loi des Trois Ans, et adepte, en cas de guerre, de l'offensive à tout prix, de l'attaque à outrance.

Joffre et les milieux politiques imaginent une guerre courte, dans laquelle l'élan des vagues de soldats lancées à l'assaut rompra le front allemand. Certains officiers – le général Pétain est l'un d'eux – peu nombreux qui soulignent la puissance du feu des nouvelles armes (mitrailleuses, canons lourds, obus à fragmentation) sont suspectés de défaitisme. On les accuse de ne pas faire confiance aux vertus héroïques et militaires de la race française.

La plupart des nations européennes sont touchées par ce climat guerrier qui, en ces mois de février-mars 1914, se développe alors qu'aucune crise ne trouble les relations internationales.

Et cependant, la Russie décide de porter le nombre de soldats sous les drapeaux en temps de paix, de 460 000 à 1 700 000 hommes.

Le budget britannique pour les armées est augmenté de 625 000 livres pour atteindre 29 millions de livres.

Le ministre français de la Guerre, Joseph Noulens, réclame une « rallonge budgétaire » de 754 millions de francs. Et les Russes placent en France un emprunt de 8 221 000 francs. Les créances françaises s'élèvent à 36,4 millards de francs dont le tiers est garanti par le gouvernement tsariste.

Ces budgets en hausse, ces emprunts révèlent une accélération de la course aux armements.

Winston Churchill.

Le 17 mars 1914, Churchill, premier lord de l'Amirauté, prend la parole devant la Chambre des communes afin de convaincre les parlementaires de poursuivre le développement de l'armement naval :

« On n'a encore jamais soumis au Parlement, dit Churchill, un budget aussi élevé pour la flotte. Notre intention était de mettre en service huit escadres dans le temps où l'Allemagne en construisait cinq. L'Allemagne a du retard dans son programme. »

Berlin conteste, soucieuse de satisfaire l'opinion « patriotique ». L'amiral allemand von Tirpitz affirme : « La construction navale allemande n'est pas en retard. Dans le courant de l'année budgétaire, quatorze nouveaux bateaux de guerre seront prêts à entrer en service. »

L'Autriche-Hongrie, dont les dépenses d'armement occupent les plus grandes places dans le budget de l'Empire, renforce aussi sa Marine afin de contrôler l'Adriatique.

Or la Russie a l'ambition de s'opposer à cette politique. Elle veut être le bouclier et le glaive des peuples slaves.

Le comte Bobrinski, porte-parole des panslavistes, déclare : « La Russie se prépare pour un dernier règlement de comptes avec le pangermanisme. La Russie a besoin des Dardanelles. »

Ces objectifs, ces mises en chantier de nouveaux bâtiments de guerre, ces fonderies qui dans toute l'Europe coulent de l'acier avec lequel les usines métallurgiques fabriqueront des armes, rares sont les hommes politiques qui perçoivent ce qu'ils annoncent : une tension renouvelée dans les Balkans, un enchaînement d'événements qui par le jeu des alliances peuvent conduire à une guerre générale en Europe.

C'est Churchill qui écrira : « Le printemps et l'été 1914 furent marqués en Europe par une tranquillité exceptionnelle. »

Et pourtant l'on sait bien que l'Autriche-Hongrie est décidée à ne plus tolérer une avancée russe vers le détroit des Dardanelles, dans les Balkans, fût-ce sous le masque serbe !

On sait bien que les sociétés secrètes nationalistes soutenues par les fonds et les agents russes s'agitent, portées par les revendications patriotiques et les incitations du grand protecteur des Slaves, l'empire du tsar.

Et l'on sait que Berlin soutiendra Vienne et que Paris restera fidèle à Saint-Pétersbourg.

Les forces qui sont capables de déclencher ce tremblement de terre qu'est la guerre sont en place, mais ne sont pas encore déchaînées. Elles accumulent une énergie destructrice qui est chaque jour plus puissante.

« Est-ce que l'Europe va continuer ainsi, s'écrie Jaurès, ou bien les peuples finiront-ils par se lasser de tant de sottises et d'improbité ? »

À ces questions angoissées répond la bonne volonté des pacifistes.

À Berlin, la société allemande des Amis de la paix s'efforce de promouvoir l'entente entre Français et Allemands.

Les orateurs venus de Paris répètent : « Il n'existe pas d'hostilité héréditaire entre Français et Allemands. Nous voulons pratiquement tous la paix. »

Les applaudissements des Berlinois saluent ces propos.

Est-ce suffisant ?

« L'Europe comprendra-t-elle enfin qu'elle ne peut se passer d'une *conscience* ? » s'interroge Jaurès.

6.

La *conscience*, qui ne l'invoque en France, dès ce mois de mars 1914, si proche des élections législatives fixées au 26 avril et pour le second tour au 10 mai ?

C'est le mot noble qui justifie et dissimule les invectives, les calomnies, les accusations, la haine qui se déversent à grandes brouettées dans cette campagne électorale, que chacun juge décisive – c'est le sort de la loi des Trois Ans qui est en question et donc toute la politique extérieure de la France – et dont la violence est inégalée.

La grande presse, la présidence de la République mettent en jeu toutes leurs forces contre le « Parti allemand », cette alliance entre Jaurès le socialiste et Caillaux le radical.

Jaurès est depuis des années déjà l'objet de toutes les attaques. Mais Joseph Caillaux a été épargné.

C'est lui, en ce printemps 1914, qui devient la cible principale. Non seulement on l'accuse d'avoir trahi son pays en négociant avec Berlin en 1911 – lors de la « crise marocaine » –, mais, partisan de la création d'un impôt sur le revenu, il est aussi l'« Inquisiteur fiscal », le « ploutocrate démagogue ».

La campagne électorale rassemble donc, contre Jaurès et Caillaux, une coalition hétéroclite où se mêlent les privilégiés de la fortune, et dont le ciment est le nationalisme et l'alliance russe. Et donc la défense de la loi des Trois Ans.

On retrouve côte à côte Maurras, le penseur monarchiste et nationaliste, et Aristide Briand, l'ancien socialiste, Poincaré et son adversaire Clemenceau.

Ce ne sont des uns aux autres que déclarations martiales, « paroles plus tranchantes que nettes ».

On se pose en réaliste.

« M. Jaurès parle toujours au futur. Moi, je parle au présent », dit Clemenceau.

Et Jaurès répond : « Vous avez pris la faction dans la guérite laissée vide par le départ de Déroulède. »

C'est bien le « nationalisme », et les dangers de guerre qu'il porte, qui sont au cœur de la campagne électorale.

Les socialistes diffusent, dans une brochure distribuée dans tout le pays, les thèses que Jaurès a exposées dans son livre *L'Armée nouvelle*.

Mais la presse et une partie de l'opinion se déchaînent contre ce texte intitulé « Le socialisme, c'est la paix ».

L'Action française de Maurras, les grands quotidiens – *Le Petit Parisien*, *Le Figaro* –, les journaux catholiques – *La Croix*, *Le Pèlerin* – martèlent que Jaurès et Caillaux ne sont pas des « patriotes », que leur condamnation du nationalisme n'est que le paravent derrière lequel ils trament des accords avec l'Allemagne, au détriment des intérêts de la France.

La Croix, en première page, publie ainsi sous le titre « Les deux amis » les photos de Jaurès et du kaiser.

Dans cette campagne électorale, ce ne sont point d'abord les orientations politiques que l'on combat, mais les hommes que l'on veut détruire.

Joseph Caillaux.

Le Figaro, dirigé par Gaston Calmette, publie les passages politiques des lettres adressées par Caillaux à sa première femme – dont il a divorcé. Le texte – manuscrit – est daté de 1911.

Le Figaro, le 13 mars 1914, titre en première page : « La preuve des machinations secrètes de M. Caillaux. Sa pensée révélée par son écriture. Le document foudroyant. »

Caillaux dans cette lettre privée écrit :

« J'ai dû subir deux séances écrasantes à la Chambre, l'une le matin à 9 heures qui a fini à midi ; l'autre à 2 heures dont je ne viens de sortir qu'à 8 heures, harassé.

« J'ai d'ailleurs remporté un très beau succès, *j'ai écrasé* (souligne Caillaux) l'impôt sur le revenu en ayant l'air de le défendre ; je me suis fait acclamer par le centre et par la droite et je n'ai pas trop mécontenté la gauche. Je suis arrivé à donner un coup de barre à droite qui était indispensable... »

Gaston Calmette justifie la publication de cette lettre privée, « malgré la volonté de son détenteur, de son propriétaire et de son auteur. Ma dignité en éprouve une vraie souffrance. N'oublions pas que je lutte contre un homme qui supprime les lois elles-mêmes quand son intérêt est en jeu. Je dois donc me considérer comme contraint, pour la délivrance de mon pays, à dégager de partout la vérité corrompue. On me jugera plus tard... ».

Calmette annonce qu'il va publier d'autres lettres, documents prouvant que, ministre des Finances, Caillaux a protégé un homme d'affaires – Rochette – poursuivi par la justice.

Henriette Caillaux – la nouvelle épouse du ministre – ne supporte pas cette campagne. Femme passionnée, elle est persuadée que la première épouse de son mari a fourni à Calmette ces lettres.

Henriette écrit à son mari :

« Tu m'as dit que ces jours-ci tu casserais la gueule à l'ignoble Calmette. J'ai compris que ta décision était irrévocable. Mon parti à moi fut alors pris. C'est moi qui ferai justice. La France et la République ont besoin de toi : c'est moi qui commettrai l'acte.

« Si cette lettre t'est remise, c'est que j'aurai fait ou tenté de faire justice.

« Pardonne-moi, mais ma patience est finie.

« Je t'aime et je t'embrasse du plus profond de mon cœur.

« Ton Henriette. »

Ce lundi 16 mars 1914, après avoir écrit cette lettre, acheté un browning, elle se rend au *Figaro*, demande à être reçue par Gaston Calmette, sort son arme de son manchon et l'abat de cinq balles.

Caillaux démissionne. On rouvre l'« affaire Rochette » et... Jaurès est élu à la présidence de la commission d'enquête. Manière de l'impliquer, de le forcer à rompre avec Caillaux. Il rendra un jugement mesuré démontrant qu'il n'y a pas lieu de poursuivre Caillaux.

Maurice Barrès, député, membre de la commission d'enquête, écrit dans une série d'articles qu'il a intitulée « Dans le cloaque » : « Pour résumer mon impression, je puis dire que nous avons à notre tête, dans ce révolutionnaire, un excellent directeur de thèse en Sorbonne. »

C'est la presse – *L'Action française* d'abord – qui se charge d'« exécuter » Caillaux.

Elle dénonce « la République de vendus et d'assassins », « Caillaux l'Allemand et la dame qui tue ».

« Caillaux, c'est l'apache né riche, c'est le forban jouisseur, les pieds dans le fumier, les mains dans l'argent allemand, éclaboussé par le sang de Calmette qu'il incita sa femme à verser. Il continue à porter beau, ce bagnard de gouvernement, ce surineur en haut-de-forme, ce livreur de territoire contre argent comptant… »

Peut-on aller plus loin dans la violence verbale ? Dans ce qui devient un appel au meurtre ?

Quel écho ces propos homicides rencontreront-ils auprès des électeurs qui doivent voter dans un mois ?

7.

Le vote des électeurs, aux deux tours de scrutin, le 26 avril et le 10 mai 1914, est clair.

La *Fédération des gauches*, constituée par Briand et Barthou – les proches du président de la République –, ce mouvement que Caillaux et Jaurès appellent la *Fédération des renégats*, est en échec.

Le centre recule, et la droite est nettement battue.

Jaurès est élu avec la plus forte majorité qu'il ait jamais obtenue et Caillaux, alors que sa femme est emprisonnée pour meurtre – elle doit être jugée en juillet –, ne perd que quelques centaines de voix et est réélu.

Les électeurs n'ont donc pas suivi Poincaré et les parlementaires qui, au nom de la menace extérieure, prônaient le maintien de la loi des Trois Ans et s'opposaient à l'impôt sur le revenu.

Les Français ont pensé en majorité que le gouvernement, le président et la « grande » presse évoquaient les risques de tension internationale et de guerre pour détourner l'attention de la réforme fiscale, défendue par Caillaux.

Les électeurs refusaient la loi des Trois Ans et souhaitaient l'instauration de l'impôt sur le revenu.

L'un des porte-parole les plus vigoureux de la loi des Trois Ans, Joseph Reinach, est battu. Les socialistes gagnent 29 sièges et les radicaux 23. Ces derniers ont un groupe parlementaire de 136 députés.

Sur les 603 députés que compte la Chambre, 269 sont hostiles à la loi des Trois Ans.

Pour Poincaré et ses amis, c'est la stupeur.

Pour tous les *Agathon*, qui confondaient la jeunesse avec les quelques jeunes gens – appartenant à l'élite sociale – qu'ils interrogeaient, la déconvenue est amère.

Les journalistes de la « grande presse » ne peuvent dissimuler leur abattement.

« Le progrès du socialisme dans les campagnes est un fait lourd de sens, effrayant », lit-on dans *L'Écho de Paris*.

Albert de Mun, dans le même journal, écrit :

« Il ne sert à rien d'essayer en ergotant sur les résultats de rassurer l'opinion publique. »

Maurras est accablé.

« Le vote des provinces, écrit-il, compromet l'application de la loi militaire et en menace l'existence. »

Maurras mesure lucidement que ces élections peuvent entraîner un changement radical de la politique extérieure française. Qu'un homme comme Joseph Caillaux n'a jamais été favorable à l'alliance franco-russe, et pour sa part Jean Jaurès a plusieurs fois condamné le soutien apporté par Paris au régime tsariste, dont il juge la politique extérieure belliciste, aventureuse, et la politique intérieure répressive.

La République française ne peut se commettre avec l'Empire russe.

À Paris, la Bourse s'inquiète.

S'il y a changement de politique, que deviendront les créances françaises sur la Russie qui, depuis 1893, place ses emprunts à Paris ?

L'ambassadeur du tsar, Isvolsky, enrage.

L'ambassadeur de France à Saint-Pétersbourg, Maurice Paléologue – confident et ami de Poincaré –, publie une déclaration affirmant que l'alliance russe sera remise en cause si l'on touche à la loi des Trois Ans.

« Qui gouverne à Paris, interroge Jaurès, les citoyens ou le tsar de Russie ? »

Caillaux va plus loin que Jaurès et déclare :

« À mon sens, la paix du monde ne peut être sauvée que si M. Poincaré quitte l'Élysée, opération nécessaire mais rude. »

Mais Poincaré n'est pas homme à s'avouer battu.

Patriote, lorrain, républicain, il est convaincu de la nécessité de préserver la loi des Trois Ans, garante de la sécurité de la France.

Il ne veut pas pour autant dissoudre la nouvelle Chambre des députés. Il examine les « professions de foi » des nouveaux députés. Il n'existe pas de majorité déterminée à abolir la loi militaire. Le jeu est donc ouvert.

Poincaré confie à ses proches :

« Certains journaux de droite me conseillent un coup de force qui ne serait qu'un coup de tête... La France qui a fait l'expérience du pouvoir personnel et qui ne la recommencera plus entend se diriger elle-même... J'exercerai loyalement la magistrature qui m'est confiée. »

Il est d'abord soucieux de préserver l'alliance franco-russe, et il sait que, président de la République, il a le pouvoir de peser fortement sur la politique extérieure. Et il y est décidé. Mais la prudence est sa marque.

Il ne cède pas à ceux qui, parmi les nationalistes, veulent une politique étrangère plus agressive. Maurice Barrès regrette ainsi dans les salons qu'il fréquente que la France ait pour « unique dessein d'éviter la guerre ».

Poincaré est persuadé, comme l'avait été avant lui le président Fallières, que « si le peuple français a conscience d'être attaqué, il marchera comme un seul homme, mais il ne marchera jamais pour réparer la sottise de l'un de ses ministres ».

Poincaré joue donc avec détermination et finesse.

Le président du Conseil – Gaston Doumergue – ayant démissionné, Poincaré choisit pour le remplacer un député qui vient du socialisme, Viviani, qui n'a pas voté la loi des Trois Ans.

Mais Viviani – homme d'une « intelligence terne » – ne réussit pas à composer un gouvernement. Les radicaux hostiles à la loi des Trois Ans refusent d'en faire partie. Jaurès et les socialistes s'en félicitent.

Jaurès va jusqu'à écrire :

« La loi des Trois Ans compromet la défense nationale et il sera d'autant plus urgent de l'abolir que la situation extérieure sera plus inquiétante. »

De tels propos indignent les milieux militaires et les nationalistes, choquent les patriotes.

En fait, ce qui semble se dessiner, c'est un gouvernement Caillaux-Jaurès qui rechercherait les bases d'une nouvelle politique extérieure, parvenant à un compromis avec l'Allemagne, et à jeter ainsi les bases d'une conciliation européenne.

Caillaux, dans les couloirs de la Chambre des députés, expose son projet à Jaurès.

« La chose n'est possible, dit-il, que si le Parti socialiste y donne un concours sans réserve et non seulement une collaboration parlementaire, mais une collaboration gouvernementale. »

Un temps de silence pour que Caillaux pèse les mots qu'il va prononcer.

« En ce qui me concerne, poursuit-il, je ne verrais pas la possibilité de prendre le pouvoir à l'heure actuelle sans que vous entriez dans le Cabinet avec le portefeuille des Affaires étrangères. »

On juge du renversement de paysage politique que représenterait une telle nomination.

En fait, c'est l'histoire de la France et de l'Europe qui pourrait s'en trouver modifiée.

Jaurès au Quai d'Orsay !

Il écoute. Il promet son appui. Certes, le Parti socialiste récuse la participation à des gouvernements « bourgeois ». Mais il y a des circonstances exceptionnelles que les motions de l'*Internationale socialiste* ont d'ailleurs prévues.

Et Jaurès précise : « Étant donné l'imminence et la gravité du danger, il convient d'écarter la scolastique du Parti. »

Une échappée d'espoir en ces heures sombres.

La sensation exaltante et oppressante qu'on est au bord de l'emporter. Qu'on va pouvoir enfin, parce qu'on appuie de toute sa force sur ses battants, tenir fermées les portes de la guerre.

Et il est vrai qu'on vit, ces jours-là, où apparemment il ne s'agit que de trouver un président du Conseil pour une nouvelle majorité, l'un de ces instants où l'histoire hésite.

Certes, des déterminismes souterrains jouent. Et là-bas, en Serbie, les terroristes de l'organisation secrète de la *Main Noire* préparent leurs grenades et leurs revolvers.

Ils savent que l'archiduc François-Ferdinand – l'héritier désigné du trône impérial d'Autriche-Hongrie – veut, par une structure fédérale de l'Empire austro-hongrois, permettre la création d'un pôle slave autour duquel pourraient se regrouper tous les Slaves des Balkans.

Or les Serbes soutenus par les Russes ont le même projet, mais la Serbie devenant le centre du rassemblement des Slaves.

Pourtant, malgré cela on peut incurver le destin. Jaurès le croit. Poincaré aussi.

Habilement, le président de la République choisit comme nouveau candidat à la présidence du Conseil Alexandre Ribot. Provocation. Cela équivaut à brandir devant un jeune taureau un chiffon rouge.

Car Ribot, sénateur, est depuis des années l'un des chefs de la droite parlementaire. Il s'est déjà opposé à Jaurès à propos de l'alliance russe il y a plus de dix ans ! Et c'est ce conservateur de 70 ans que Poincaré pousse en avant.

L'homme est ferme. Il n'a plus exercé la charge de président du Conseil depuis 1895, mais il constitue rapidement un ministère où l'on retrouve Delcassé à la Guerre. Et il se présente devant la Chambre des députés le 12 juin 1914.

Poincaré espère-t-il le voir réussir ? Il connaît trop son monde politique pour l'imaginer. Mais il use ainsi la détermination de l'Assemblée, lui procure l'occasion d'un succès, montre en même temps sa détermination personnelle. Voilà son choix à lui, président de la République.

Alexandre Ribot.

À la Chambre, c'est une levée de boucliers contre Ribot. Humiliation faite au Parti républicain, lance-t-on. Ce n'est pas vous que le pays attendait. Des socialistes crient même : « Ribot au Père-Lachaise ! »

Ribot fait face, défend les Trois Ans. « Sachant ce que je sais… », commence-t-il.

Marcel Sembat se dresse, l'interrompt : « Tous les arguments soit, mais pas celui-là, pas la panique… »

On vote : la confiance est refusée à Ribot par 306 voix contre 262. À Paris, des manifestants parcourent les boulevards aux cris de « Poincaré démission ! ».

Jaurès s'enthousiasme : « La volonté populaire, écrit-il, a eu raison de toutes les forces combinées de réaction, de ruse et de violence… »

Sa plume file, résolue, entraînée par la conviction qu'on peut, qu'on doit l'emporter.

Jaurès dit qu'il a vu « le Parti républicain, résolu, ironique, implacable, se dresser et dire à tous, aux Poincaré, Joffre, Paléologue, à tous les artificiers de pouvoir personnel, à tous les artisans de panique, à tous les oligarques d'académie et d'antichambre : la France républicaine a parlé. Il faut que sa voix soit entendue ».

Car Jaurès a bien saisi que c'est Poincaré qui mène le jeu et que – voilà pourquoi la partie est difficile et la mise élevée – c'est le président qui sortira vaincu ou vainqueur. Et c'est au président qu'il s'adresse directement : « M. Poincaré, interroge-t-il, voudra-t-il être un président rageur et têtu et s'acculer lui-même au terrible dilemme : se soumettre ou se démettre ? »

Jaurès commet une double erreur.

Il sous-estime Poincaré. La carte Ribot jouée, le président ressort Viviani. Voilà mon candidat de compromis, dit-il ainsi. Si vous le rejetez à nouveau, c'est la crise, peut-être celle des institutions et ce dans une période de tension internationale.

Autre erreur de Jaurès : il surestime les députés radicaux. Le risque de crise longue les inquiète. Le système parlementaire conduit à l'érosion des points de vue et aux solutions moyennes. N'est-ce pas le cas avec Viviani ? N'avons-nous pas montré, en rejetant Ribot, notre conviction ?

Viviani constitue un gouvernement anodin et, le 16 juin 1914, déclare devant la Chambre qu'il va s'en tenir à « l'application exacte de la loi des Trois Ans ».

Les mêmes députés qui l'avaient rejeté, qui avaient écarté Ribot, qui semblaient prêts pour un gouvernement Caillaux-Jaurès accordent leur confiance à Viviani par 362 voix contre 139. Jaurès et les socialistes ont voté contre lui.

René Viviani.

Jaurès est amer.

Il parle de l'attente du pays, des « soldats leurrés », des « vaines espérances ». « Les soldats, après tout, dit-il, ont le droit de croire que les hommes politiques ne se démentent pas absolument en leur fond. »

Il constate, entre ce qu'exigeaient de courage et de lucidité la gravité du moment et les décisions des hommes, un tel écart qu'il en est parfois accablé. Il dit : « Tout cela est trouble, obscur, contradictoire, intenable et intolérable. »

DEUXIÈME PARTIE

MAI-JUIN 1914

8.

L'intuition et l'angoisse de Jaurès, en ce printemps 1914, qui les partage ?

La saison parisienne bat son plein. Tout va bien si l'on en croit la « grande presse ». Rue de la Paix, elle s'émerveille.

« Les boutiques des grands bijoutiers sous les feux électriques semblent s'animer, leur splendeur attire une foule élégante. Entre les manteaux de fourrure, les aigrettes, les impeccables chapeaux de soie et les colliers de perles tentateurs, il existe de certaines correspondances, écrit un chroniqueur. Des automobiles stationnent le long du trottoir. Et il ne passe là que des femmes vêtues à la dernière mode et des hommes infiniment bien habillés. Les chiens eux-mêmes pomponnés à souhait laissent entendre qu'ils sont des objets de prix. »

Ces élégantes se retrouvent à l'Opéra qui, depuis quelques années, met au programme une *Saison russe*. On applaudit le « génie » du Grand Allié, on se presse autour de l'ambassadeur Isvolsky. Ce monde-là fréquente le bois de Boulogne, les mêmes salons et bientôt se rend aux bals costumés de l'Opéra.

« Toutes les fantaisies du carnaval s'y donnent à cœur joie. On y renoue ainsi avec une tradition longtemps interrompue. »

La grande presse s'en félicite.

Qui prête attention à la formation du ministère Viviani, composée, à l'exception du président du Conseil et d'un ministre, de radicaux-socialistes. Caillaux, dont la femme est toujours emprisonnée à Saint-Lazare et va bientôt être traduite en cour d'assises, n'a pu en faire partie.

C'est un ministère terne, mais Viviani n'a pas dissimulé qu'il « ne saurait consentir à une abrogation directe de la loi des Trois Ans ou, ce qui serait pire, à une abrogation indirecte qui résulterait d'une défaillance dans son application ».

« Le vote de lois sur la Préparation militaire de la jeunesse et l'organisation de Réserves ne suffisent pas, a conclu Viviani. Je déclare qu'au mois d'octobre 1915, si j'ai la charge du pouvoir, je ne libérerai pas les classes sous les drapeaux. »

La déception et la colère des socialistes sont vite oubliées en ce printemps radieux.

La course aux armements, les risques de guerre, le renouveau de la tension dans les Balkans ?

Les journaux font leurs gros titres de nouvelles rassurantes.

Une imposante escadre britannique a été reçue dans le port de Kiel.

On veut croire que la rivalité navale anglo-allemande appartient au passé. Les équipages anglais ont été acclamés.

Tout va bien.

La Joconde, volée au Louvre, a été rendue intacte par l'Italien Peruggia qui voulait qu'elle retrouve Florence. On suit le procès du voleur en réclamant la clémence.

Tout va bien.

Les plus hautes autorités allemandes ont visité le pavillon français de l'Exposition de Leipzig et la presse germanique a vanté les productions françaises.

Les articles ont mis l'accent sur la mode printanière, les grandes réceptions données à Paris par le couturier Paul Poiret, les chroniqueurs ont salué le « bon goût » français, l'élégance des Parisiennes, les capes, les hauts talons et les doubles jupes.

L'Illustration a surenchéri, consacrant un cahier central à « l'arrivée des trains du matin des petites Parisiennes de la banlieue ».

« Les voilà, entre huit et neuf heures, leur troupe légère traverse le hall où elle offre soudain une jolie vision de grâce féminine. Tôt levées, ces petites laborieuses ont pourtant pris le temps d'être coquettes... C'est ici que l'on saisit le mieux le charme simple et discret de la petite mode de Paris, de celle qui n'a besoin ni de riches étoffes ni de parfums précieux... »

Tout va bien.

Cent mille personnes ont acclamé à Paris le roi d'Angleterre George V et la reine Mary. Le cortège royal a descendu les Champs-Élysées entouré d'un régiment de cuirassiers. Les souverains ont assisté à une revue militaire à Vincennes. George V a reçu tous les ambassadeurs. Accompagné du président de la République, il s'est rendu à l'Hôtel de Ville. On célèbre ainsi l'Entente cordiale.

Tout va bien.

Raymond Poincaré a pu partir en vacances et on le photographie avec son épouse, détendu et souriant, arpentant entre les palmiers la Promenade qui conduit d'Èze-sur-Mer à Beaulieu.

Tout va bien.

Est-ce si sûr ?

Poincaré, dit-on, prépare son voyage en Russie, prévu pour le mois de juillet, tout en prolongeant ses vacances de deux semaines.

Il a relu, avant de quitter Paris pour Èze-sur-Mer, le rapport rédigé par l'ambassadeur de France à Berlin, Jules Cambon.

Celui-ci a confirmé que Guillaume II et le général von Moltke répètent à leurs interlocuteurs ce qu'ils ont déjà confié au roi des Belges : « La situation politique en Europe par la faute de la France est mauvaise. Le kaiser et le chef d'état-major allemand considèrent la guerre avec cette puissance comme inévitable et prochaine. »

Guillaume II a stigmatisé « l'esprit de revanche du peuple français, de plus en plus agressif, depuis que le service militaire de trois ans a été voté par les Chambres... Le roi des Belges s'est efforcé de dissiper cette erreur de jugement... ».

Thomas Woodrow Wilson.

Rien n'a filtré de cette information. Mais à la fin du mois de mai 1914, la presse pourtant avertie n'a accordé que peu d'attention au voyage accompli en Europe par le colonel House, conseiller du président des États-Unis, Thomas Woodrow Wilson.

Pourtant, le colonel House n'a pas caché le but de sa mission : suggérer aux grandes puissances européennes la conclusion d'un accord mettant un terme à la course aux armements.

Le 1er juin, le colonel House a vu à Potsdam l'empereur Guillaume II.

Le 9 juin, à Paris, il a rencontré le président Poincaré. Mais le gouvernement Viviani n'avait pas encore été constitué et les conversations ont donc été brèves et inutiles.

Le 17 juin, House a été reçu à Londres et, devant les ministres anglais, il a développé un plan de coopération internationale. On l'a écouté avec attention.

Il indique au président des États-Unis que l'accueil a partout été chaleureux. Mais aucun gouvernement européen ne s'est engagé.

Et chacun poursuit donc sa politique d'armement.

Le 20 juin, le gouvernement Viviani propose à la Chambre des députés de lever un emprunt de 805 millions, dont 600 millions pour les dépenses extraordinaires de la Défense nationale et 200 millions pour les dépenses militaires relatives à la « pacification » du Maroc.

Les parlementaires approuvent ces dépenses. Qui oserait les refuser ?

Les journaux presque chaque jour relatent les exploits des troupes françaises qui prennent le contrôle du « Maroc profond ».

Le général Lyautey, résident général de la France au Maroc, reçoit chaque jour sa corbeille de compliments. En se rendant au Maroc, il a rencontré à Madrid le roi Alphonse III.

Les plumes des journalistes vibrent d'orgueil.

On exalte ce « noble général », l'héroïsme des troupes, les parades, les soumissions de telle ou telle tribu marocaine.

La France patriote et nationaliste célèbre cette « nouvelle France » qui a effacé sa défaite de 1870 et qui est devenue une puissance impériale.

Et l'on se scandalise du succès qu'obtient au Künstler Theater de Berlin un « mélodrame » sur la Légion étrangère, intitulé *Cafard*.

La pièce met en scène des légionnaires allemands qui, envahis par le « cafard », tentent de déserter et que pourchassent des officiers brutaux qui n'hésitent pas à abattre la cantinière du régiment, complice des déserteurs.

« Par le journal, par le livre, par l'affiche, par la parole, lit-on dans la presse française, par tous les moyens de propagande qui s'offrent à eux, les Allemands poursuivent avec une obstination méthodique leur haineuse campagne contre la Légion étrangère... contre ces soldats qui ont donné la preuve de leur attachement à leurs chefs et à leur drapeau. »

Ainsi, entre les deux nations, en dépit de l'apparente détente de leurs relations, les susceptibilités sont à vif.

Quand on apprend que le dessinateur alsacien Hansi, auteur de *Mon village*, a été poursuivi, arrêté à l'audience du tribunal de Colmar devant lequel il comparaissait pour « injure », et qu'il sera jugé à Leipzig pour haute trahison, on s'indigne.

Manière de répondre, on célèbre l'alliance franco-russe et les propos du ministre de la Guerre du tsar, le général Sukhomlinov qui a martelé « La Russie veut la paix mais elle ne craint pas la guerre », en réponse à des articles de la presse allemande.

Aussi Jaurès est-il durement critiqué et isolé quand, à la Chambre, il annonce que les socialistes ne voteront pas les 400000 francs de crédit pour acquitter les frais du voyage présidentiel en Russie au mois de juillet.

Les raisons données par Jaurès – les pouvoirs conférés à la Douma, l'Assemblée russe, ne sont pas assurés d'un droit de contrôle efficace – suscitent des protestations.

« Mais vous vous mêlez de la politique intérieure de la Russie ! » lui crie-t-on. Le député socialiste de Paris, Vaillant, hurle : « C'est au tsar Nicolas II que nous devons la loi des Trois Ans ! »

Indignation à la Chambre, réponse de Viviani : « Personne à la Chambre ne peut contester les résultats féconds et heureux de notre alliance avec la Russie. »

Les crédits sont votés (428 voix contre 106). On mesure l'isolement, en dépit de leur succès électoral d'avril-mai, des opposants à la politique extérieure française.

Et l'opinion soutient la politique d'armement qu'amplifie le gouvernement.

Des dizaines de navires de guerre sont mis en chantier. Les journaux comparent la flotte allemande (40 éclaireurs et 216 torpilleurs) à la flotte française (10 éclaireurs et 150 torpilleurs) et concluent : « Il y a une nécessité absolue de réviser et d'élargir notre programme naval. »

L'armée se dote d'avions « blindés », installe des mitrailleuses et des canons sur ces appareils. Ils ont pour mission, grâce à leur « artillerie aérienne », d'abattre les zeppelins.

En même temps, la « militarisation » des esprits se poursuit. Parades militaires, défilés avec fanfare dans les quartiers populaires, organisation d'un « raid hippique militaire » entre Biarritz et Paris en passant par Toulouse et Limoges. Et c'est le capitaine de Berterèche de Manditte qui l'emporte.

On insiste sur le rôle « social » de cette armée. Elle unit l'aristocratie – souvent ouvertement monarchiste – qui a peuplé le corps des officiers et l'élite républicaine qui partage la volonté de défendre les armes à la main la patrie.

« Six heures du matin, un dimanche rue d'Ulm. Au n° 45, une petite porte s'ouvre, raconte un journaliste, dans l'aube dominicale des fantômes se glissent. Ils sont costumés en fantassins, pantalon rouge, capote bleue, képi. Ils ont l'arme à la bretelle. Des officiers les commandent, des sous-officiers les encadrent.

« Ce n'est pas une nouvelle caserne qu'on a installée là. Ce sont les élèves de l'École normale supérieure qui s'en vont à l'exercice. »

Le journaliste qui décrit cette innovation, créant une préparation militaire à l'ENS afin que les normaliens arrivent à leur régiment avec le grade de sous-lieutenant, n'a qu'un seul regret :

« Il conviendrait de modifier quelque peu l'allégorie qui pare depuis un siècle le fronton de l'école. Aux deux muses pacifiques des Lettres et des Sciences, on pourrait adjoindre au moins une Minerve qui serait casquée ! »

Absence symbolique.

La France et les États européens s'enfoncent dans la préparation de la guerre, mais les peuples refusent de la voir s'approcher. Comment concevoir les massacres qu'entraînerait un conflit, comment imaginer les villes détruites alors que jamais printemps ne fut aussi léger, aussi exceptionnellement doux et paisible que celui de 1914 ?

On préfère, en France, en ce mois de juin, célébrer le deux centième anniversaire de l'invention du champagne par Dom Pérignon qu'écouter la conférence que donne à Bordeaux le 20 juin un jeune historien, Jacques Bainville, proche de Maurras.

« Il y a deux partis en Allemagne, dit-il : celui des politiques qui pensent que le temps travaille pour l'Empire, que la France se décompose et perd chaque année une bataille ; il y a aussi le parti des impatients qui, à l'exemple des généraux, se déclarent "las de tirer à blanc". Il y a ceux qui veulent manger l'artichaut français feuille à feuille, et ceux qui veulent le manger d'un seul coup. Ce second parti gagne en force tous les jours. Bismarck avait dit : "Laissons les Français cuire dans leur jus." La question est de savoir si les successeurs de Bismarck n'estiment pas que nous sommes parvenus à ce degré de cuisson auquel il convient de servir le rôti. »

Les nationalistes, les patriotes français qui partagent l'analyse de Bainville, se rassemblent chaque fois qu'ils peuvent pour célébrer la patrie.

Ils prêtent serment devant la statue de la ville de Strasbourg, place de la Concorde. Ils défilent le jour de la fête de Jeanne d'Arc. Ils sont sur le parvis de la basilique de Saint-Denis, pour le sept centième anniversaire – en juin 1914 – de la bataille de Bouvines, remportée par Philippe Auguste en 1214 !

Mais dans la profondeur de l'opinion, si l'on est attaché à la défense de la patrie, on soupçonne les nationalistes de travestir la réalité.

Jaurès, si lucide le plus souvent, pense lui aussi que la menace de guerre peut être écartée, qu'elle est un leurre.

Le 27 juin 1914, il prépare l'article qui doit paraître dans le journal *L'Humanité* du lendemain, 28 juin 1914.

« Il n'y a pas de plus grave problème que celui de la main-d'œuvre étrangère, écrit-il. Il faut protéger ces 1200000 ouvriers étrangers contre l'arbitraire administratif et policier. »

Et Jaurès ajoute qu'il faut condamner les nationalistes qui égarent l'opinion sur de « fausses pistes ».

9.

Jaurès se trompe en cette fin du mois de juin 1914.

Les problèmes majeurs sont la menace de guerre, le choix que font les gouvernements de poursuivre et d'accélérer la course aux armements.

Ce ne sont pas là de « fausses pistes », comme l'écrit le leader socialiste, pensant que les nationalistes veulent faire oublier les questions sociales, les noyer dans le « bain de sang » d'une guerre.

Jaurès est aveuglé par son « internationalisme ».

Il ne veut pas voir – tant sa confiance dans l'humanité est grande – que des hommes emportés par leur nationalisme sont prêts à choisir la violence, l'attentat, la guerre parce qu'ils ont le sentiment d'être humiliés, opprimés, que leur patriotisme est étouffé, leur désir de nation réprimé, et qu'ils sont enfermés dans une « prison des peuples ».

Et pour s'en libérer ils sont prêts à tuer et à mourir.

Ainsi l'étudiant serbe de 19 ans, Gavrilo Princip, malingre, mais les yeux brillants de passion patriotique, lui qui est contraint de vivre en Bosnie, cette province de l'Empire austro-hongrois annexée en 1908 par l'Empire austro-hongrois.

Et Sarajevo, cette ville qu'aime Gavrilo Princip, est devenue capitale de la Bosnie.

Révolté, déterminé, Princip a adhéré à une association nationaliste, *Les Jeunes Bosniaques*. Il n'a qu'un but, que tous les Serbes deviennent sujets du royaume de Serbie, constituant une Grande Serbie, dont la capitale sera Belgrade.

Déjà, dans le royaume de Serbie, le gouvernement, les services de renseignements de l'armée serbe soutiennent *Les Jeunes Bosniaques*, ces Serbes arrachés à leur nationalité, devenus sujets de cette « prison des peuples » qu'est l'Empire austro-hongrois.

Le chef du service de renseignements de l'état-major de l'armée serbe – le colonel Dimitrievitch, nom de code *Apis* – a fondé une association, *L'Union ou la Mort*, dont le but est, par l'action violente, de favoriser la naissance de cette *Grande Serbie*.

Et Gavrilo Princip est en contact avec cette *Union ou la Mort* appelée la *Main Noire*.

Il réclame des armes – et des officiers serbes lui en fournissent –, il recrute une poignée de jeunes gens qui veulent agir, frapper au cœur l'Empire austro-hongrois, « prison des peuples » slaves.

Gavrilo Princip a appris que l'archiduc François-Ferdinand, l'héritier du trône impérial, devait se rendre en Bosnie pour assister aux manœuvres de l'armée austro-hongroise.

François-Ferdinand séjournera à Sarajevo avec sa femme, la duchesse de Hohenberg.

L'archiduc François-Ferdinand.

Inspecteur général de l'armée, l'archiduc François-Ferdinand est d'abord, pour Gavrilo Princip et ses camarades, l'héritier.

L'abattre, c'est dans leur esprit frapper l'Empire austro-hongrois au cœur.

Car l'empereur François-Joseph, monté sur le trône en 1848, est à 84 ans un vieil homme, volontaire, mais rongé par la maladie et les deuils. Son fils Rodolphe s'est suicidé. Son frère Maximilien a été fusillé par les Mexicains, lors de sa tentative appuyée par Napoléon III de régner à Mexico.

C'est ainsi que l'archiduc François-Ferdinand, neveu de l'empereur, est devenu l'héritier de l'Empire austro-hongrois. En 1914, il a 51 ans. Et les propositions de cette forte personnalité inquiètent les Serbes.

L'archiduc, hostile aux Hongrois, voudrait, au sein de l'Empire, donner aux Serbes une part de pouvoir, afin d'équilibrer celui des « Huns », ces « canailles » de Hongrois.

François-Ferdinand sait bien que les Serbes de l'Empire austro-hongrois rêvent, comme Gavrilo Princip, de voir naître, autour du royaume de Serbie, une Grande Patrie, dont le cœur et la capitale seraient Belgrade.

Mais l'archiduc s'oppose aux proches de l'empereur François-Joseph, qui veulent briser les reins du Royaume serbe. François-Ferdinand combat ainsi les projets du chef d'état-major, le général Conrad von Hötzendorf, et du ministre des Affaires étrangères Berchtold.

Le 12 juin 1914, François-Ferdinand a reçu, dans le domaine de sa femme – de petite noblesse tchèque –, son ami, l'empereur allemand Guillaume II.

François-Ferdinand a exposé ses projets, montré à quel point les Hongrois l'irritent, avec leur volonté d'accroître leur influence dans l'Empire.

Il a redit à Guillaume II qu'il est hostile à toute guerre contre le royaume de Serbie.

Il veut la paix à tout prix.

« Supposons que nous engagions la guerre contre la Serbie. Nous gagnerions facilement la première manche, dit-il. Mais après ? Toute l'Europe tomberait sur nous en nous accusant d'être des briseurs de la paix. Et que Dieu nous garde d'annexer la Serbie, ce royaume endetté jusqu'au cou, plein de régicides et de voyous. »

Il veut, dit-il, quand il accédera au trône impérial – et la maladie de François-Joseph fait penser que ce sera dans un avenir proche –, « faire de l'ordre dans notre propre maison et avoir derrière nous tous nos peuples avant de songer à une politique d'expansion ».

Guillaume II approuve l'archiduc François-Ferdinand, forme des vœux pour le succès de cette politique, puis annonce qu'il va participer, dans cet été paisible qui commence, à des régates, à Kiel, sur la Baltique.

Quant à François-Ferdinand, il va assister en tant qu'inspecteur général de l'armée aux manœuvres des troupes austro-hongroises qui se déroulent en Bosnie.

Le 28 juin 1914, il sera reçu officiellement à Sarajevo, capitale de la province.

Gavrilo Princip et ses camarades l'y attendent.

Ils ont décrété la « chasse ouverte ».

Ils veulent, ils doivent tuer l'archiduc François-Ferdinand, l'héritier du trône de l'Empire austro-hongrois.

10.

Ils sont moins d'une dizaine, sans doute sept.

L'âme du complot est Gavrilo Princip. L'organisateur – et le recruteur –, l'un de ses amis qui vit à Sarajevo, Danilo Ilitch. L'un des plus résolus se nomme Nedelko Tchabrinovitch.

Ils possèdent des pistolets et des bombes qui leur ont été fournis par l'un des adjoints du colonel Dimitrievitch – créateur de la *Main Noire*.

L'officier serbe qui leur a procuré ces armes – le capitaine Tankovic – leur a donné des capsules de cyanure qu'ils devront avaler s'ils sont pris par la police impériale.

Ces jeunes gens, résolus mais sans expérience, déambulent ce samedi 27 juin 1914 le long de l'itinéraire que doit emprunter le lendemain le cortège de voitures officielles.

Les façades des immeubles, les quais qui bordent la rivière Miljacka, dont le lit partage Sarajevo en deux, sont décorés par des portraits de l'archiduc et de son épouse. Des guirlandes ont été accrochées aux demeures qui surplombent le quai Appel.

Tout à coup, ce samedi 27 juin, des cris, la foule des badauds qui se met à courir, applaudit un groupe entourant l'archiduc François-Ferdinand et son épouse qui ont décidé de parcourir la ville, à la veille de leur réception officielle.

On les acclame, car la population de Sarajevo ne comporte qu'une minorité de Serbes. Elle compte des Croates, des musulmans, d'autres nationalités qui acclament l'héritier, dont on connaît la volonté réformatrice.

Cet accueil chaleureux ne trouble pas Gavrilo Princip et ses jeunes camarades. Au contraire, ils sont confortés dans leur décision. Leur isolement les exalte.

Ils sont déjà des héros.

Ils ignorent que le colonel Dimitrievitch (Apis), qui mesure tout à coup les conséquences d'un attentat réussi dont il avait imaginé qu'il ne serait qu'un avertissement, voire un simulacre, a alerté l'ambassadeur de Serbie à Varsovie. Celui-ci a rencontré l'administrateur de Bosnie, et à mots couverts évoqué les risques d'un attentat contre François-Ferdinand.

Mais l'ambassadeur serbe, s'il souligne les dangers qu'il y a à recevoir François-Ferdinand à Sarajevo, n'est pas plus précis. Et l'administrateur de la Bosnie imagine que les Serbes craignent cette visite officielle qui marquera l'adhésion de la population de Sarajevo à l'Empire.

L'ambassadeur serbe se retire sans avoir livré les noms de ces « jeunes Bosniaques ».

Il est trop tard, personne ne peut plus les arrêter.

Gavrilo Princip et ses camarades refusent ainsi d'obéir à l'envoyé de la *Main Noire* qui leur donne l'ordre de ne pas mettre leur plan à exécution.

Mais c'est « leur » attentat. Leur sacrifice.

Une action qui peut, si elle réussit, changer l'histoire de l'Empire austro-hongrois et rendre possible la création de la Grande Serbie.

Le dimanche 28 juin, ils agissent.

Nedelko Tchabrinovitch lance sa bombe sur le cortège des six voitures qui longe les quais de la rivière Miljacka.

L'archiduc détourne l'engin, qui va exploser sous la voiture suivante.

Les officiers qu'elle transporte sont blessés, comme plusieurs badauds. Mais François-Ferdinand et son épouse sont indemnes : l'attentat a échoué.

Tchabrinovitch, le lanceur de bombe, avale la capsule de cyanure sans que cela produise le moindre effet. Il se jette dans la rivière. On l'arrête et la police l'arrache ainsi à la foule qui voulait le lyncher.

François-Ferdinand, à l'Hôtel de Ville, laisse éclater son indignation :

« Monsieur le Maire, je viens en ami et l'on me jette des bombes », dit-il. Puis après quelques phrases conventionnelles il décide de se rendre à l'hôpital auprès des blessés.

Le cortège s'ébranle à nouveau.

Les chauffeurs se trompent d'itinéraire, quittent les quais, s'engagent dans une rue, s'arrêtent, commencent une lente marche arrière devant le café Schiller.

Assis à l'une des tables placées sur le trottoir, dans l'atmosphère orageuse de cet après-midi, se trouve Gavrilo Princip.

Signe du destin, la voiture est à quelques mètres.

Princip sort son pistolet, tire deux balles. Des consommateurs se jettent sur lui et le frappent. La police l'entraîne.

L'arrestation de Gavrilo Princip.

Princip a tiré deux fois sans viser.

La première balle atteint la duchesse à l'abdomen. La seconde déchire le cou de l'archiduc et la veine jugulaire.

Ils meurent, enlacés, couverts de leurs sangs mêlés.

LIVRE II

28 JUIN-3 AOÛT 1914

TROISIÈME PARTIE

28 JUIN-15 JUILLET 1914

11.

Ce dimanche 28 juin 1914, à Sarajevo, l'Histoire, comme poussée par une succession de hasards, a basculé.

Dans les rues de la capitale de Bosnie, les témoins de l'attentat courent en criant leur horreur et leur colère.

Ce sont des Croates, fidèles sujets de l'Empire austro-hongrois.

Ils s'arment de gourdins, pourchassent les Serbes jusque dans leurs demeures, les saccagent, en brisent le mobilier jeté dans les rues.

« À mort, les Serbes ! » hurlent-ils. C'est une chasse à l'homme qui se déchaîne.

Devant l'hôpital où l'on a déposé les corps de l'archiduc François-Ferdinand et celui de la duchesse Sophie de Hohenberg, la foule recueillie brandit des portraits de l'empereur François-Joseph.

On dit que François-Ferdinand avant de mourir a murmuré à sa femme : « Sophie, ne meurs pas, ne meurs pas, vis pour nos enfants. »

Les journalistes présents se précipitent au bureau du télégraphe. Le correspondant de *L'Illustration* commence sa dépêche par cette phrase : « Un attentat aussi inutile et inexplicable que criminel » vient d'endeuiller l'Empire austro-hongrois.

L'empereur François-Joseph.

L'empereur François-Joseph se trouve dans l'une de ses villégiatures d'été – le palais de Bad Ischl, à 200 kilomètres de Vienne – quand on lui apprend la nouvelle. Le vieil homme de 84 ans laisse retomber sa tête, comme si on appuyait sur sa nuque.

« C'est un écroulement », dit un témoin.

François-Joseph pleure, murmure :

« Affreux, affreux, rien sur cette terre ne m'aura été épargné. »

Il revit les tragédies qui ont marqué sa vie, le suicide de son fils Rodolphe, à Mayerling, l'exécution de son frère Maximilien au Mexique.

Puis il se redresse, donne des ordres.

Il partira demain matin pour Schönbrunn. Le nouvel héritier, l'archiduc Charles-François Joseph, l'accueillera à la gare de Vienne. Il faut que dès cet instant le ministère des Affaires étrangères élabore les mesures à prendre contre la Serbie.

Car les premiers aveux des conjurés arrêtés confirment qu'ils ont reçu des armes de militaires serbes. On a facilité le franchissement de la frontière à Princip, lui permettant ainsi de gagner Sarajevo, avec des pistolets et des bombes.

Il semble impossible que le gouvernement serbe ait été laissé dans l'ignorance de ce complot, patronné par la *Main Noire*.

Il est vrai que les jours précédant l'attentat, les autorités serbes ont prévenu Vienne des risques que courait l'archiduc en se rendant à Sarajevo, mais ce n'était sans doute qu'une manière de masquer le rôle et de dégager les responsabilités de la Serbie.

Dans les heures qui suivent l'attentat, c'est ainsi qu'on analyse l'événement à Vienne. La culpabilité du gouvernement serbe paraît engagée.

Dans de nombreuses villes de l'empire, l'hostilité – la haine – à l'égard des Serbes se manifeste, cependant qu'à Vienne on prépare la riposte.

Le Premier ministre hongrois – le comte Tisza – répète que « la volonté de Dieu s'est accomplie » et se montre partisan de réactions modérées, alors que le chef d'état-major, Conrad von Hötzendorf, et le ministre des Affaires étrangères, le comte Berchtold, veulent adresser un ultimatum à Belgrade.

Ils croient pouvoir compter sur le kaiser Guillaume II qui, à l'annonce de l'attentat, a interrompu les régates auxquelles il participait et a regagné Potsdam.

« Absolument bouleversé par les nouvelles de Sarajevo, télégraphie-t-il à l'empereur François-Joseph, je te prie d'accepter l'expression de ma profonde sympathie. Nous devons nous incliner devant le décret de Dieu qui, une fois de plus, nous impose de lourdes épreuves. »

Le soutien de l'empereur allemand conforte les Autrichiens, en dépit des réticences des Hongrois à préparer des mesures sévères contre Belgrade. L'ultimatum que l'on envisage d'adresser aux Serbes sera implacable.

L'empereur François-Joseph, auquel la tragédie qu'il vit paraît avoir redonné des forces, répond à Guillaume II :

« Le maintien par tous les monarques européens d'une politique de paix sera menacé aussi longtemps que le foyer d'agitation criminelle de Belgrade restera impuni. »

Guillaume II comprend d'autant mieux François-Joseph qu'il demeure révulsé et ému de la mort de François-Ferdinand.

Il confie au chancelier allemand, Bethmann-Hollweg : « Le lâche et exécrable crime dont mon cher ami, Son Altesse Impériale et Royale et prince héritier, et sa femme viennent d'être victimes me bouleverse jusqu'au plus profond de l'âme. »

L'émotion de Guillaume II est partagée par les milieux dirigeants de la plupart des États, qu'ils fussent des républiques, des monarchies ou des empires, car, depuis les dernières décennies du XIXe siècle, les assassinats politiques se sont multipliés en même temps que se levait une vague révolutionnaire qui culmine en Russie en 1905.

Le tsar Alexandre II, un réformateur, a été assassiné en 1881. En 1911, le Premier ministre russe, Stolypine, est à son tour abattu.

En France, en 1893, l'anarchiste Auguste Vaillant lance une bombe dans la Chambre des députés. Condamné à mort, exécuté, son camarade Caserio le venge en assassinant en 1894 le président de la République Sadi Carnot.

Le président américain McKinley est tué en 1901.

Les monarques sont assassinés. Élisabeth d'Autriche en 1898, le roi d'Italie en 1900, le roi du Portugal Charles Ier en 1908, et le roi de Grèce George Ier en 1913.

Anarchistes ou nationalistes expriment par leurs actes terroristes l'enfantement difficile et violent d'un monde nouveau qui détruit les vieilles structures sociales.

Le prolétariat est à la fois l'avant-garde et l'armée de réserve de la révolution.

On chante *L'Internationale*, on crie : « Prolétaires de tous les pays, unissez-vous. »

Le « nationalisme » apparaît comme un contre-feu à l'anarchisme et au socialisme.

Les empires – russe, austro-hongrois – exacerbent ces tensions en voulant contrôler, annexer ces peuples des Balkans que leurs passions nationales et religieuses (catholiques, orthodoxes, musulmans se côtoient et s'opposent) poussent à la confrontation.

L'attentat de Sarajevo peut être l'étincelle qui rallume les guerres balkaniques.

En Serbie, on célèbre Princip comme un héros alors que son acte est condamné par tous les gouvernements et la plupart des opinions publiques.

La Serbie devient la « nation criminelle ».

« De toutes les petites puissances de l'Europe, la Serbie est celle dont le nom est sans conteste le plus entaché de déshonneur », lit-on dans le *Manchester Guardian*. Sa politique serait un « ensemble inégalé de cruauté, d'avidité, d'hypocrisie et de mauvaise foi. Si quelqu'un pouvait traîner la Serbie au bord de l'océan et la jeter à l'eau, l'atmosphère de l'Europe serait pacifiée ».

Le ministre des Affaires étrangères anglais, Edward Grey, lorsqu'il se souvient de l'état d'esprit qui régnait en Europe, au lendemain de l'attentat de Sarajevo, écrit :

« Aucun crime n'a inspiré d'horreur plus profonde ni plus générale partout en Europe. La sympathie envers l'Autriche était universelle. Aussi bien les gouvernements que les opinions publiques étaient prêts à accepter d'elle toute mesure, si sévère qu'elle soit, qu'elle aurait jugé nécessaire de prendre pour châtier les meurtriers et leurs complices. »

Comment l'Autriche dans un tel climat n'envisagerait-elle pas des « représailles » sévères contre la Serbie, même si aucune preuve n'existe de l'appui du *gouvernement* serbe à Princip et à ses camarades ?

Seuls les socialistes, les anarchistes français présentent l'archiduc François-Ferdinand comme « le chef du parti militaire en même temps que l'homme des Jésuites, partisan d'une politique belliqueuse et agressive, qui était l'espoir des réactionnaires autrichiens... un maniaque fanatique ombrageux et sournois... ».

Dans *La Guerre sociale*, Gustave Hervé – journaliste d'extrême gauche, antimilitariste – condamne le crime que l'Autriche a commis contre les Serbes de Bosnie.

« Il y a dix millions de Serbes, dont cinq millions dans la Serbie indépendante qui, s'ils l'osaient, dresseraient une statue au patriote qui a traduit à coups de browning le sentiment de tous les Serbes d'Autriche et de Serbie. »

Et ici et là, on stigmatise l'Empire austro-hongrois – une « prison pour les peuples ».

Rares sont ceux qui, en ces quelques jours qui suivent l'attentat de Sarajevo, imaginent et craignent qu'il conduise à une guerre opposant les grandes puissances européennes dont chacun sait pourtant qu'elles font partie de systèmes d'alliances antagonistes : Autriche-Allemagne-Italie contre Russie-France-Angleterre.

Le Temps, le journal officieux du Quai d'Orsay, s'inquiète dans le *Bulletin de l'Étranger* – son éditorial scruté par toutes les ambassades – des initiatives du « parti militaire et du parti catholique » de Vienne :

« Ne nous y trompons pas : l'avenir de la paix orientale et peut-être de la paix européenne dépend de la direction que va prendre le procès de Sarajevo. »

Clemenceau, dont l'âge n'a en rien voilé le regard implacable et lucide, écrit dans son journal *L'Homme libre* :

« L'idée follement absurde de faire remonter au gouvernement de Belgrade et au peuple serbe lui-même la responsabilité de l'assassinat comporterait de si graves conséquences que l'esprit se refuse à les envisager. »

Jaurès, dans l'article qu'il publie dans *L'Humanité* du 30 juin – écrit donc le 29, le lendemain même de l'attentat –, ne perçoit pas le risque d'un embrasement de l'Europe, évoqué par Clemenceau.

En fait, Jaurès ne veut pas condamner les Serbes.

« C'est inutilement qu'on assassinera les peuples et les rois », écrit-il. Ce double meurtre, « c'est un filet ajouté au fleuve de sang qui a coulé en vain sur la péninsule balkanique ».

Il s'en tient à de nobles généralités.

« Si l'Europe entière ne révolutionne pas sa pensée et ses méthodes, si elle ne comprend pas que la force vraie des États est dans le respect des libertés et du droit, dans le souci de la justice et de la paix, l'Orient de l'Europe restera un abattoir où au sang du bétail se mêlera le sang des bouchers sans que rien d'utile ou de grand germe de tout ce sang répandu et confondu. »

Peuple bétail ? Archiduc boucher ?

Rien sur l'incendie que l'attentat allume, réduisant en cendres la paix européenne si le système d'alliances joue.

Mais ce 30 juin 1914, la plupart des hommes, ministres et chefs d'État, les « élites », et la totalité de l'opinion ignorent ce risque majeur.

Raymond Poincaré raconte :

« Au Conseil des ministres du 30 juin, on parle peu de l'Autriche, on parle beaucoup des congrégations. Je me dédommage de la politique en recevant à dîner, à l'occasion des salons, les membres des sociétés d'artistes et en passant avec eux sur la terrasse et dans le jardin une délicieuse soirée. »

12.

Le 30 juin 1914, Raymond Poincaré pouvait donc sereinement passer en compagnie d'artistes une délicieuse soirée sur la terrasse et dans les jardins de l'Élysée comme si les conséquences de l'attentat de Sarajevo étaient anodines.

Et comme si le président, la presse française, durant tout le début du mois de juillet 1914, ne s'intéressaient plus guère à la tension qui s'installait dans les Balkans.

Les grands quotidiens parisiens assuraient que le défilé du 14 Juillet serait l'un des plus grandioses que la France ait connus.

Ils évoquaient le Tour de France et surtout l'ouverture prochaine devant les assises, le 20 juillet, du procès de Mme Caillaux.

Les familles bourgeoises préparaient leur départ pour Deauville, Cabourg, la Baule, et même Biarritz. L'atmosphère politique semblait s'être détendue. Le Sénat venait d'adopter l'impôt sur le revenu.

Serait-ce un été de paix qui s'annonçait ?

On voulait le croire.

On ne faisait aucun écho aux manifestations d'hostilité aux Serbes qui se multipliaient de Vienne à Budapest, dans la plupart des villes de l'Empire austro-hongrois.

La presse nationaliste, à Vienne comme à Budapest, ou à Sarajevo, dénonçait la « cuisine des sorcières serbes ».

À Belgrade, les journaux répliquaient en accusant les « Autrichiens » d'être coupables des violences qui se multipliaient.

Les dépêches des consulats et ambassades britanniques rapportaient qu'une guerre contre la Serbie serait certainement très populaire. « On réglerait ainsi une fois pour toutes ses comptes avec les Serbes en frappant ce pays de façon à le rendre impuissant à l'avenir. »

En Hongrie, le consul britannique soulignait « la vague de haine aveugle contre la Serbie et tout ce qui est serbe qui balaie le pays ».

Ces faits n'inquiètent guère les diplomates français.

Quant au président de la République, au président du Conseil Viviani, et à M. de Margerie, directeur des Affaires politiques au Quai d'Orsay, ils préparent leur voyage en Russie. Ils quitteront la France le 16 juillet.

La Chambre des députés se prononce sur le crédit de 400000 francs pour le voyage. Les débats sont brefs. Les crédits sont votés et Jaurès ironise, comme si ce voyage était sans importance, alors que, derrière les Serbes, il y a les Russes, décidés à les soutenir.

« Que M. Poincaré coiffe une casquette de marin, dit Jaurès à la tribune de la Chambre des députés, qu'il aille respirer aux souffles de la Baltique... La fonction de M. Poincaré est de voyager, qu'il voyage ! »

La dérision, l'ironie étonnent et donnent la mesure de cet étonnant moment d'aveuglement de Jaurès.

Et lorsqu'il évoque les questions de la guerre et de la paix, le propos – sincère – est si général qu'il ne peut être efficace.

Ainsi, le 5 juillet, à Rochefort, où vient d'être élu – en mai – un député socialiste, Jaurès, de son ample voix de prophète, déclare : « Nous sommes dans une Europe qui se prétend civilisée. Voilà vingt siècles qu'est mort sur le gibet l'homme du calvaire, qui disait "paix aux hommes de bonne volonté", et comme lui nous disons paix entre les nations. »

On l'acclame avec ferveur.

Mais ce 5 juillet, Guillaume II reçoit à Potsdam le comte Alexandre von Hoyos, conseiller du ministre des Affaires étrangères autrichien, Berchtold.

Les Autrichiens veulent savoir s'ils peuvent compter sur l'appui des Allemands dans les actions que Vienne veut entreprendre contre les Serbes.

« Le moment est favorable », répond Guillaume II.

Après cette déclaration du kaiser, lourde de conséquences, le chancelier allemand Bethmann-Hollweg convainc Guillaume II de partir en croisière sur son yacht, le *Hohenzollern*, de naviguer le long des côtes de Norvège afin de montrer à l'Europe que l'Empire allemand souhaite que le « conflit » austro-serbe reste localisé, limité.

En s'éloignant, Guillaume II donne à voir qu'il refuse d'impliquer l'Allemagne dans une mécanique qui conduirait à la généralisation du différend austro-serbe.

Theobald von Bethmann-Hollweg.

Le 6 juillet, Bethmann-Hollweg écrit à l'empereur François-Joseph :

« Sa Majesté Guillaume II ne peut naturellement prendre parti sur la question en cours entre l'Autriche-Hongrie et la Serbie car elle échappe à sa compétence.

« Mais l'empereur François-Joseph peut être certain que Sa Majesté Guillaume II, conformément à ses obligations d'alliance et à sa vieille amitié, se tiendra fidèlement aux côtés de l'Autriche-Hongrie. »

D'un trait de plume, Bethmann-Hollweg a rayé les trois derniers mots qu'avait écrits le rédacteur de la lettre : « ... aux côtés de l'Autriche-Hongrie / *en toutes circonstances.* »

Le lendemain, 7 juillet, à Paris, le philosophe Alain écrit comme s'il pressentait, en dépit de la quiétude des milieux politiques français, que l'orage approche :

« C'est la paix qui est difficile. C'est la raison qui est rare, écrit-il. Et c'est la prudence que je veux honorer, car aucune folie n'est prudente, aucune passion n'est prudente. Et l'on se pique d'héroïsme comme de morphine. Terrassier, mon ami, il faudra que nous donnions la douche à tous ces fous-là. »

Guillaume II et Bethmann-Hollweg n'ont pas « douché » les Austro-Hongrois.

Ceux-ci d'ailleurs ne semblent pas céder à la « folie » : ils pensent au contraire, appuyés par l'Allemagne, pouvoir briser la Serbie sans que la Russie, son alliée – tenue à la prudence par l'engagement allemand aux côtés de Vienne –, intervienne.

Le 9 juillet, un haut fonctionnaire du ministère austro-hongrois, Friedrich von Wiesner, se rend à Sarajevo afin d'établir les responsabilités serbes.

Le 13 juillet, il remet son rapport :

« Rien qui montre – ni preuve ni soupçon – la complicité du gouvernement serbe ni dans la préparation de l'attentat ni qu'il ait fourni les armes employées », écrit-il.

Mais Wiesner déclare qu'il faut réclamer aux Serbes le droit de poursuivre les fonctionnaires serbes membres de la *Main Noire* – l'un, employé des chemins de fer serbes, a facilité le passage de la frontière à Princip ; l'autre, le capitaine Tankosic, qui a procuré les armes aux terroristes.

Le comte Tisza, Premier ministre hongrois, longtemps réticent, se rallie à l'idée de remettre à Belgrade un *ultimatum*, dont elle ne pourra pas accepter tous les termes, notamment la poursuite de fonctionnaires serbes.

Ultimatum d'autant plus nécessaire que l'ambassadeur serbe en Russie accuse les Austro-Hongrois d'être responsables de la mort de l'archiduc François-Ferdinand par leur annexion de la Bosnie et la répression conduite contre les Serbes bosniaques.

La Serbie s'obstine donc et l'appui de la Russie la rend plus agressive encore.

Le comte Tisza admet que les militaires ont raison de vouloir intervenir vite contre la Serbie.

« Nous ne pouvons agir autrement, mais je suis au désespoir d'agir ainsi. »

Le texte de *l'ultimatum* à la Serbie est approuvé à Vienne, les 14 et 15 juillet.

13.

Ces jours-là, à Paris, on danse pour célébrer la fête nationale.

Le socialiste allemand Karl Liebknecht, venu assister au congrès extraordinaire du Parti socialiste qui se tient dans la capitale, se promène sur les Boulevards en compagnie de Jaurès et de quelques camarades.

Ils se fraient difficilement un passage dans la foule qui se presse autour des estrades où se sont installés des orchestres.

« La gaieté qui anime cette foule mouvante qui saute, plane et vogue me semble étrangement retenue, note-t-il. On danse vif et gracieux, on danse presque sans bruit, sans note brutale, sans rire grossier ni geste vulgaire, sans se pousser ou se bousculer rudement. C'est une claire nuit de juillet. »

Comment imaginer la guerre ?

L'atmosphère du congrès est, en dépit de l'objet des débats – comment empêcher la guerre –, paisible et chaleureuse.

Georges Weill, le député socialiste de Metz au Reichstag, et correspondant de *L'Humanité* à Berlin, est intervenu, en français naturellement, assurant que les prolétaires allemands refusaient la guerre. Il a été acclamé.

Jaurès a fait voter une motion qui déclare que l'un des moyens les plus efficaces pour lutter contre la guerre, « c'est la grève générale ouvrière simultanément et internationalement organisée ».

Jaurès répète que la France « ne se paralysera pas seule ». La grève générale « sera concertée et bilatérale ou ne sera pas ».

La presse se déchaîne sans tenir compte de cette précision.

Et c'est dans de nombreux journaux l'explicite appel au meurtre contre « le Prussien », *Herr Jaurès*. Le détournement de sens de la motion est délibéré.

Le Temps, le modéré *Temps*, le raisonnable *Temps*, parle de « thèse abominable ».

Maurice de Waleffe dans *L'Écho de Paris* écrit le 17 juillet 1914 :

« Dites-moi, à la veille d'une guerre, le général qui commanderait à quatre hommes et un caporal de coller au mur le citoyen Jaurès et de lui mettre à bout portant le plomb qui lui manque dans la cervelle, pensez-vous que ce général n'aurait pas fait son plus élémentaire devoir ? Si, et je l'y aiderais. »

Maurras dans *L'Action française* n'hésite pas : « Chacun le sait, M. Jaurès, c'est l'Allemagne. » Et comme la menace ne doit pas être prise à la légère, Maurras ajoute : « On sait que notre politique n'est pas de mots. Au réalisme des idées correspond le sérieux des actes. »

Et parce que Jaurès a évoqué « l'immense force des événements qui ne tient pas aujourd'hui dans un homme mais bien à l'ordre invincible des choses », Daudet, dans la même *Action française*, va aussi loin qu'il est possible dans le souhait du crime : « Nous ne voudrions déterminer personne à l'assassinat politique, écrit Daudet, mais que Jaurès soit pris de tremblement. Son article est capable de suggérer à quelque énergumène le désir de résoudre par la méthode expérimentale la question de savoir si rien ne serait changé à l'ordre invincible dans le cas où le sort de M. Calmette serait subi par M. Jean Jaurès. »

Tuer Jaurès : les mots sont donc imprimés. Autour de Jaurès, on s'inquiète. Il répond en haussant les épaules : « N'y attachez aucune importance, M. Charles Maurras ne peut pas me pardonner de ne le jamais citer. »

Tous les jours, Jaurès reçoit des lettres de menaces. Nombreuses sont celles qui arrivent chez lui ou à la Chambre. Celle-ci, anonyme :

« Monsieur,

« Le comité des Dix réuni aujourd'hui a voté à l'unanimité la peine de mort. Motif : par vos actes, par vos écrits, vos discours contre l'armée, vous vous êtes montré traître à la France. Quand l'heure décidée aura sonné, vous mourrez n'importe où vous soyez.

Les Dix. »

Quand on évoque la possibilité de le protéger, Jaurès a un mouvement de mauvaise humeur ou d'indifférence. Le risque fait partie de sa vie. Il a montré à plusieurs reprises, dans la rue, mêlé aux manifestants, qu'une charge de gendarmes ne l'impressionne pas. Il est courageux et aussi trop profondément humble, conscient qu'il n'est qu'un homme parmi les hommes, pour attacher de l'importance à sa protection.

Et pourtant il sait, intuitivement toujours, qu'il est lui-même un obstacle majeur à la guerre. Quand le député Paul-Boncour vient le saluer, dans les jours qui suivent le congrès socialiste, au moment où les insultes et les menaces tombent comme grêle, il dit : « Ah, voyez-vous, tout, tout faire encore pour empêcher cette tuerie ! Ce sera une chose affreuse... D'ailleurs, on nous tuera d'abord, on le regrettera peut-être après... »

Mais ce pressentiment, cette angoisse se dissipent en cette mi-juillet 1914.

Comment imaginer le pire quand le président de la République, accompagné du président du Conseil et du directeur des Affaires politiques au Quai d'Orsay, embarque à Dunkerque, le 16 juillet, pour ce voyage en Russie préparé depuis le début de l'année ?

Poincaré, Viviani et Pierre de Margerie sont à bord du cuirassé *France*, escorté du *Jean-Bart* et des torpilleurs d'escadre *Stylet* et *Trouble*.

Les hommes politiques français doivent rester en Russie du 20 au 23 juillet.

Au retour, ils feront escale au Danemark, en Suède et en Norvège.

Et le kaiser Guillaume II à bord de son yacht le *Hohenzollern* navigue dans les fjords norvégiens.

Le temps, en ces jours de juillet, est beau et chaud, la mer calme.

La traversée des trois hommes politiques français – du 16 au 20 juillet 1914 – sera comme l'espère Poincaré « enchanteresse ».

QUATRIÈME PARTIE

16 JUILLET-3 AOÛT 1914

14.

Ce 13 juillet 1914, après deux jours de navigation, Poincaré est seul à la proue du cuirassé *France*.

Il a fait comprendre au commandant du navire qu'il désirait s'isoler afin de réfléchir et de méditer.

Il s'est éloigné de Viviani, que depuis l'appareillage de l'escadre, à Dunkerque, il côtoie, essayant de lui faire partager l'analyse de la situation internationale qui est préoccupante.

Le consul de France à Vienne assure que l'Autriche prépare un ultimatum qui, par ses exigences, obligera la Serbie soit à capituler, laissant des fonctionnaires autrichiens mener leurs enquêtes en Serbie, niant ainsi la souveraineté de Belgrade ; soit à refuser de se soumettre, c'est-à-dire à choisir la guerre contre le puissant Empire austro-hongrois.

Et la seule chance de Belgrade sera alors de faire appel à la Russie.

Et la Russie, alliée de la France, peut être entraînée dans ce conflit.

Poincaré a, durant ces deux jours, mesuré l'ignorance de Viviani. Les questions internationales paraissent ne pas préoccuper le président du Conseil.

« Je suis effrayé, note Poincaré dans son journal. J'essaie de le mettre au courant. »

Viviani n'est sensible qu'à l'évolution de la situation politique à Paris. Et les derniers câbles reçus – les communications radio sont difficiles, aléatoires – font état de la violence de la polémique qu'a suscitée la publication du rapport du sénateur Charles Humbert, rapporteur de la commission de l'Armée au Sénat.

Humbert a expliqué qu'à part le canon de 75, la France ne dispose pas d'artillerie moderne, de canons lourds. Les forts sont défendus avec des canons antérieurs à 1870 !

« Nous ne sommes ni défendus ni gouvernés ! » a lancé Clemenceau, membre de la commission.

Jaurès surenchérit, stigmatise « la criminelle imprévoyance, la funeste incapacité, l'inertie, la paresse intellectuelle que démontrent ces terribles révélations qui devraient discréditer à jamais la réaction militaire et chauvine ».

Clemenceau reprend la plume, écrit dans son journal, homme libre rendant compte du défilé des troupes à Longchamp le 14 Juillet :

« Spectacle de sublime grandeur, l'idée, c'est la patrie. »

Il ne veut pas être confondu avec l'« internationaliste » Jaurès.

Clemenceau répète :

« L'idée, c'est la patrie… Nous avons été vaincus en 1870. Mais nous, cramponnés à ce qui nous reste de France, nous ne voulons pas, nous ne pouvons pas subir la même épreuve une seconde fois. Il ne suffit pas d'être des héros. Nous voulons être des vainqueurs. »

Georges Clemenceau.

Cette traversée qui devait être « enchanteresse » paraît déjà à Poincaré interminable.

À Paris, il sait que le garde des Sceaux Bienvenu-Martin, qui assure l'intérim du ministre des Affaires étrangères, est incompétent. Il est assisté d'un secrétaire d'État, jeune et plein d'énergie – Abel Ferry –, mais sans aucune expérience. Heureusement, le diplomate Philippe Berthelot l'assiste, mais ce n'est qu'un fonctionnaire.

C'est lui qui rédige les « câbles » qui parviennent souvent tronqués au cuirassé *France*.

Berthelot annonce ainsi que, à Vienne, on a arrêté le 19 juillet les termes définitifs de l'ultimatum qui doit être adressé à Belgrade.

Quand ? Le secret est bien gardé.

Vienne si elle sent la résolution française peut renoncer.

Poincaré chasse cette question de son esprit.

Le 20 juillet, le *France*, qui compte tenu de sa masse ne peut accéder au port, s'immobilise dans la rade de Saint-Pétersbourg et le yacht *Alexandria* du tsar Nicolas II vient accoster le cuirassé français.

Le tsar est à bord.

C'est lui qui va conduire Poincaré et Viviani à Cronstadt et à sa résidence d'été de Peterhof.

Ce 20 juillet, Mme Caillaux comparaît devant les assises. Les journaux accordent déjà toute leur attention à ce procès. Ils oublient la Russie, les Balkans, Vienne, et Poincaré s'en félicite.

15.

Le président de la République est assis, ce 20 juillet 1914, à côté du tsar, à l'arrière du yacht impérial, *Alexandria*.

Ainsi dès les premiers instants de ce séjour en Russie si, formellement, c'est le président du Conseil Viviani qui définit et conduit la politique du gouvernement, les autorités russes considèrent Poincaré, chef de l'État, comme leur interlocuteur.

Et même si Poincaré s'évertue à rester un pas en arrière de Viviani, il conforte les Russes dans leur attitude et par le ton ferme de ses propos.

Il est heureux d'être la voix de la France.

Il constate avec orgueil, dès le début de leur conversation, qu'il domine le tsar Nicolas II et son ministre des Affaires étrangères, Sazonov.

L'incompétence de Viviani, sa nervosité imposent d'ailleurs que Poincaré parle haut, mène les conversations, interrompant parfois le tsar.

« Je suis sûr, confie l'ambassadeur Paléologue, que parmi tous ces dignitaires chamarrés, plus d'un pense : voilà comme devrait parler un autocrate. »

Quant à Viviani, « il maugrée, bougonne, jure au point de se faire remarquer par tout le monde », note Poincaré.

Paléologue essaie en vain de le calmer.

Le tsar est attentif aux propos de Poincaré, mais il paraît vite épuisé, alors qu'il n'a que 46 ans.

Mais il semble comme rongé par un « destin fatal », résigné à se soumettre à la volonté divine.

Et lorsque l'ambassadeur Paléologue explique cela à Poincaré, il ajoute que le tsarévitch Alexis est hémophile, que la tsarine Alexandra – la princesse allemande Alix de Hesse – est dominée par ce « mage » Raspoutine qui affirme pouvoir guérir avec l'aide de Dieu le tsarévitch.

Le tsar Nicolas II de Russie.

L'entourage de Nicolas II, dominé par le ministre des Affaires étrangères, Sazonov, vit ainsi dans l'anxiété. Sazonov est le beau-frère de Stolypine, le Premier ministre, qui, en 1911, a été assassiné.

Et plane sur la cour de Russie le souvenir de 1905, à la fois année de défaite contre le Japon et d'une secousse révolutionnaire.

L'alliance avec la France est devenue la clé de voûte de la politique étrangère russe, et Poincaré assure que la réciproque est vraie.

Il l'affirme dans les tête-à-tête qu'il a, le 21 juillet, avec Nicolas II et dans les toasts qu'il prononce d'une voix forte.

Cela exalte les partisans d'une guerre, nombreux à la Cour impériale.

La grande-duchesse Anastasie, épouse de l'oncle du tsar, voisine de table de l'ambassadeur Paléologue lors du dîner donné par le tsar le 20 juillet, lui déclare : « La guerre va éclater... Il ne restera plus rien de l'Autriche, vous reprendrez l'Alsace et la Lorraine. Nos armées se rejoindront à Berlin. L'Allemagne sera détruite. »

Telle est la Russie que rencontrent quatre jours durant Poincaré et Viviani.

Le 21 juillet, ils traversent Saint-Pétersbourg, mais ils ignorent la grève immense qui paralyse la ville. Les topographes, les conducteurs de tramway ont dressé les barricades isolant des quartiers entiers de la ville. Les Cosaques ont chargé dans les rues, réussissant à maintenir les manifestants loin du cortège officiel.

Les ouvriers ont arraché les drapeaux tricolores pour les lacérer et en faire des drapeaux rouges !

Cette Russie-là, Poincaré et Viviani ne la voient pas.

Ce 21 juillet, lors de la réception des ambassadeurs, donnée à Saint-Pétersbourg par l'ambassade de France, Poincaré, comme exalté par le rôle majeur qu'il joue lors des conversations avec le tsar et les dignitaires russes, dit à l'ambassadeur d'Autriche-Hongrie, le comte Frédéric Szapary, le mettant en garde contre une politique agressive contre Belgrade :

« La Serbie a des amis très chauds dans le peuple russe. Et la Russie a une alliée, la France. Que de complications à craindre !... »

Poincaré s'est exprimé avec la fermeté d'un chef d'État sûr de sa force. Et la revue militaire à laquelle il assiste le 22 juillet à Krasnoïe Selo est spectaculaire et le persuade de l'invulnérabilité de la France. Les Russes peuvent déployer sur la frontière allemande près d'un million d'hommes !

Les fantassins en uniforme blanc, tête tournée vers les tribunes, donnent une impression d'invincibilité, comme les cavalcades de l'artillerie montée.

C'est bien là le « rouleau compresseur russe » prêt à se mettre en marche.

Les troupes crient en passant devant le tsar : « Nous sommes heureux de servir Votre Majesté ! »

Les fanfares jouent la *Marche lorraine* et *Sambre et Meuse.*

Les journalistes français s'enthousiasment.

Ils oublient les défaites russes de 1905.

Seul le correspondant de *L'Humanité* s'indigne de ce qu'il entend « ces paroles d'obéissance servile où se dévoile une mentalité des époques féodales ».

Les Russes sont rassurés par la détermination de Poincaré. Ils ont le sentiment que « des jours historiques, des jours sacrés » approchent.

Et le discours de Poincaré lors de la réception donnée sur le *France*, au soir du 23 juillet, aux dernières heures du séjour en Russie du président, les conforte dans cette conviction.

L'orage de ce soir-là, les averses ne peuvent effacer les mots prononcés par Poincaré. Le président souligne, détachant chaque mot, « l'indissoluble alliance qui unit les deux nations. Sur toutes les questions qui se posent chaque jour… l'accord s'est toujours établi et ne cessera de s'établir… Les deux pays ont l'un et l'autre le même idéal de paix dans la force, l'honneur et la dignité ».

Discours convenu ? Certains diplomates le pensent.

Mais il est prononcé d'un ton vigoureux sur le cuirassé *France*. Au moment où des rumeurs annoncent l'envoi d'un ultimatum austro-hongrois à la Serbie, faisant ainsi surgir la menace d'une guerre qu'on avait cru écartée et qui tout à coup rôde, puissante et proche.

Dans la nuit de ce 23 juillet, le *France* largue ses amarres et quitte Cronstadt pour se diriger vers la Suède. Poincaré est attendu à Stockholm le 25 juillet.

Ce 23 juillet, *L'Humanité* publie un article de Jaurès dont des extraits sont envoyés par radiogramme à Poincaré.

« Partout la révolution est à fleur de terre, écrit le tribun socialiste… Bien imprudent serait le tsar s'il déchaînait ou laissait déchaîner une guerre européenne. » Et il en irait de même pour l'Empire austro-hongrois.

« Sous tous les régimes d'oppression et de privilèges, le sol est miné, poursuit Jaurès, et si la commotion de la guerre se produit, il y aura bien des effondrements et des écroulements. »

Le 23 juillet, quand les Autrichiens sont sûrs que le *France* a appareillé, l'ultimatum est communiqué à Belgrade.

Vienne exige qu'une réponse favorable lui soit transmise dans les quarante-huit heures, soit le samedi 25 juillet à 18 heures.

La guerre griffe et lacère les portes de la paix et montre ses crocs.

16.

C'est l'aube du vendredi 24 juillet 1914, le jour blafard se confond avec la mer grise que fend l'étrave du cuirassé *France* ; et les embruns frappent le pont du navire sur lequel vont et viennent Poincaré, Viviani, et le diplomate Margerie.

Le commandant du *France* remet à Poincaré un radiogramme. Le câble donne le texte de l'ultimatum de Vienne à la Serbie. L'Autriche-Hongrie, avec l'accord de l'Allemagne, ne l'a envoyé à Belgrade qu'après s'être assuré que le *France* était en haute mer. Et que les Français ne pouvaient plus se concerter avec les Russes.

C'est la preuve que Vienne veut écraser la Serbie. La violence du texte le démontre. Mais l'Autriche-Hongrie et l'Allemagne craignent les réactions russe et française.

Veulent-ils – peut-on – localiser le conflit ?

Poincaré, la tête penchée en avant, les mains derrière le dos, répète, jetant de rapides coups d'œil à Viviani et à Margerie :

« Dans les exigences de l'ultimatum, une part est inacceptable par la Serbie. Que va faire la Russie, que va faire l'Autriche ? »

Margerie suggère qu'on demande à Vienne d'accorder à Belgrade un délai supplémentaire. Il faudrait, ajoute Viviani, réunir une conférence internationale, solliciter la médiation anglaise.

Les trois hommes rédigent un texte, câblé aux différentes capitales.

Mais le Conseil des ministres russe a déjà examiné le texte de l'ultimatum à la Serbie et déclaré :

« L'honneur de la Russie, sa dignité, sa mission historique, si elle veut conserver son rang en Europe, exigent qu'elle soutienne la Serbie et cela, s'il le faut, par les armes. »

À Paris, les journaux publient le texte autrichien. L'inquiétude tout à coup saisit les personnalités les plus lucides.

Ainsi, Jaurès fait part de son anxiété à tous ceux qu'il rencontre.

« Note effroyablement dure », dit-il, agitant le texte de l'ultimatum.

« Elle semble calculée pour humilier à fond le peuple serbe ou pour l'écraser... On peut se demander si la réaction cléricale et militariste autrichienne ne désire pas la guerre et ne cherche pas à la rendre possible. Ce serait le plus monstrueux des crimes. »

Ce vendredi 24 juillet 1914, la guerre prend l'Europe et Jaurès à la gorge. À Paris, l'opinion continue de se préoccuper du procès de Mme Caillaux – de l'habile défense du ministre qui, heure après heure, retourne par ses dépositions le jury et va obtenir ainsi l'acquittement de sa femme –, mais tous les observateurs savent que le feu de la mèche allumée le 28 juin 1914 à Sarajevo est proche du baril de poudre.

Le samedi 25 juillet est une « journée sinistre et angoissante ».

Poincaré et Viviani ont débarqué à Stockholm. Ils vont d'une réception protocolaire à l'autre, tout en s'interrogeant.

Doivent-ils continuer le voyage avec les étapes prévues au Danemark et en Norvège, ou bien faut-il rentrer le plus rapidement possible en France ?

Margerie apprend que Guillaume II a interrompu sa croisière dans les fjords norvégiens et est de retour à Kiel.

Poincaré hésite.

Rentrer, n'est-ce pas accroître la tension internationale ? L'essentiel n'est-il pas de « localiser » le conflit ?

Mais il est peut-être trop tard déjà.

Un câble annonce qu'hier, 24 juillet, l'ambassadeur d'Allemagne a demandé à être reçu par le garde des Sceaux, Bienvenu-Martin, ministre des Affaires étrangères par intérim.

Le baron von Schoen, d'une voix sourde, a déclaré que le gouvernement de Berlin considère que le conflit doit être « réglé exclusivement entre l'Autriche-Hongrie et la Serbie, toute intervention d'une autre puissance étant de nature à entraîner des conséquences incalculables ».

Poincaré observe Viviani.

Le président du Conseil passe d'une décision à l'autre, puis plonge dans le silence accablé, avant de retrouver sa nervosité, son agitation, ses hésitations.

À la fin de cette journée du 25, l'Autriche-Hongrie, prétextant le refus de la Serbie d'accepter tous les points de l'ultimatum, rompt ses relations diplomatiques avec Belgrade. L'ambassadeur de l'Empire austro-hongrois vient de quitter la capitale serbe. Vienne veut la capitulation de la Serbie par la guerre si besoin est. L'engrenage tourne.

Poincaré et Viviani décident de renoncer aux escales prévues et de rentrer en France.

Jean Jaurès.

Jaurès, ce 25 juillet, est à Vaise, près de Lyon. Réunion électorale pour une élection partielle. Foule importante que l'angoisse commence à étreindre et les visages, sous la lumière crue des ampoules blanches, sont tendus, pâles comme des masques, vers la tribune que Jaurès a saisie à pleines mains. Il sait depuis une demi-heure à peine que Belgrade et Vienne ont rompu leurs relations. Seulement quelques mots d'introduction et puis le souffle rauque de l'inquiétude.

Jaurès démonte l'engrenage de la guerre générale possible :

« Jamais depuis quarante ans l'Europe n'a été dans une situation plus menaçante et plus tragique que celle où nous sommes… commence-t-il. Chaque peuple paraît à travers les rues de l'Europe avec sa petite torche à la main et maintenant voilà l'incendie. »

La salle est muette, saisie. Elle savait la paix menacée, elle n'imaginait pas qu'elle agonisait.

« Citoyens, reprend Jaurès, je dis ces choses avec une sorte de désespoir, il n'y a plus, au moment où nous sommes menacés de meurtre et de sauvagerie, qu'une chance, c'est que le prolétariat rassemble toutes ses forces… que le battement unanime des cœurs écarte l'horrible cauchemar. »

Ovation de la foule qui communie. Et qui se disperse, reprise par la nuit lourde de juillet.

Il faudrait agir, tenir cette foule par plus que des phrases, faire de ces auditeurs des acteurs. Dans *La Bataille syndicaliste,* on a appelé ce samedi 25 juillet à manifester lors des défilés militaires des fins de semaine. Et effectivement, on a crié : « Vive la République ! », « À bas la guerre ! », « Vive Caillaux ! », « À bas les Trois Ans ! », sur le passage des fanfares. Et sur les Boulevards, des débuts de manifestation se sont produits.

On sent une montée de l'effervescence ouvrière en faveur de la paix.

Ce même dimanche 26 juillet 1914 à Paris, des centaines de nationalistes ont défilé sur les Boulevards, portant des drapeaux tricolores, aux cris de « Vive l'armée ! », « Vive la France ! », « À Berlin ! » et même « Vive la guerre ! ».

Jaurès est dans le train qui le ramène de Lyon à Paris. À Dijon, panne. Il se précipite au siège du journal local *Le Progrès de Dijon* afin de consulter les dépêches et de dicter son article de la rédaction de *L'Humanité*.

Au fur et à mesure qu'il lit les dernières nouvelles, il semble se tasser comme si on écrasait son corps.

La Serbie a décrété la mobilisation générale, sans doute a-t-elle été invitée à la résistance à Vienne par les Russes.

Et c'est de Saint-Pétersbourg qu'émanent les rumeurs – non confirmées, mais pour Jaurès elles sont l'écho de la décision prise par le gouvernement du tsar. Elles évoquent des mouvements de troupes, une mobilisation *partielle* de l'armée russe – qui voudrait masquer sans y réussir la mobilisation *générale* que l'état-major russe tient pour seule possible et indispensable.

Les correspondants des journaux anglais et français à Saint-Pétersbourg rapportent que des manifestations patriotiques ont lieu et que dans les gares, sur les quais, il y a foule.

« Les trains sont bondés d'officiers et de soldats. Cela sent déjà la mobilisation. »

Ce que les journalistes voient, les diplomates et les informateurs allemands en sont aussi les témoins.

Et comment empêcher dès lors que l'état-major allemand n'obtienne pas à son tour la mobilisation générale ?

Jaurès est anxieux, mais il n'est pas homme à abdiquer. Les journalistes du *Progrès de Dijon* l'entendent avec admiration dicter, après quelques minutes de réflexion, son éditorial à *L'Humanité*.

Puis il exige de la rédaction qu'on ne fasse rien dans *L'Humanité* pour mettre en évidence la faiblesse militaire de la France.

Cependant, il s'insurge. Poincaré et Viviani sont toujours, en ces heures graves, absents. Et les journalistes provinciaux l'ont entendu dicter la phrase suivante :

« Mais nous, Français, qu'on va peut-être tenter de précipiter dans le gouffre, quand aurons-nous de nouveau parmi nous un gouvernement ? »

Rien de plus doublement symbolique aux yeux de Jaurès que ce voyage à Saint-Pétersbourg, capitale de guerre, comme si Poincaré affirmait par là sa dépendance, entraînant à Paris – deuxième symbole – la vacance du pouvoir.

Les portes de la guerre sont ouvertes. Il n'y a plus qu'un seul espoir : que le conflit demeure localisé à l'Autriche-Hongrie, que toutes les puissances ne s'y engouffrent pas, par le jeu automatique des alliances et des logiques militaires.

Heures sombres, où l'espoir par à-coups le dispute encore au désespoir.

Jaurès, chaque fois qu'il évoque la guerre, le fait en des termes concrets, puissants dans l'horreur : crime, meurtre, carnage, typhus, assassinat, boucherie, sang. Ce prophète politique ne se paie pas de mots. Les images saignent comme de vraies plaies.

Mais ce réalisme prophétique inspiré est aux antipodes de toute une sensibilité emportée par une vision d'autant plus mythique de la guerre que souvent les hommes qui l'expriment ne la subiront pas, sachant déjà qu'ils continueront à jouer leur rôle de hérauts.

Ainsi, en ces jours où se décide le sort de l'Europe, le consul de France à Hambourg, Paul Claudel, écrit dans son *Journal* : « dimanche 26 juillet, le matin en allant à la messe, grande affiche blanche au coin de la rue chez le marchand de tabac, le beau mot de délivrance et d'aventure : *Krieg* !

« Ode à la guerre : on étouffait, on était enfermé, on crevait dans ce bain grouillant les uns contre les autres... Tout à coup, un coup de vent, les chapeaux qui s'envolent... Délivré du métier, de la femme, des enfants, du lieu stipulé, l'aventure. À la même heure dans toutes les grandes villes d'Europe, Hambourg, Berlin, Paris, Vienne, Belgrade, Saint-Pétersbourg. Le tiers de la mer transformé en sang (Apocalypse).

« ... Hourra le canon trempé dans son bain d'huile et de grande flamme. Une fois de plus, les peuples vont s'étreindre et se retrouver, se sentir dans les bras l'un de l'autre, se reconnaître. »

Et à Paris, Henri Bernstein, le dramaturge contre lequel *L'Action française* a manifesté jadis parce qu'il avait déserté, prend la pose, exprimant sur un autre ton, plus trivial et plus politique, la même attirance pour la guerre.

Polémiquant avec Joseph Caillaux, il déclare, sous les applaudissements de l'opinion nationaliste : « J'ai commis dans ma jeunesse une folie que j'ai regrettée publiquement... J'ai demandé à être reversé dans l'armée... Et je l'ai obtenu. Je suis d'une arme combattante... Je pars le quatrième jour de la mobilisation, et la mobilisation est peut-être pour demain. Je ne sais pas quel jour part Caillaux, mais je dois le prévenir qu'à la guerre on ne peut pas se faire remplacer par une femme et qu'il faut tirer soi-même. »

Le lundi 27 juillet, durant quelques heures, l'espoir de limiter le conflit semble prendre corps. Le baronnet Edward Grey, ministre des Affaires étrangères britannique, propose une négociation directe entre l'Autriche et la Russie, et la France se rallie à ce projet.

Le soir de ce lundi 27 juillet, de 9 heures à minuit, des dizaines de milliers de manifestants, peut-être 100 000 à 200 000 personnes, manifestent à Paris sur les Boulevards, de l'Opéra à la place de la République, aux cris de « À bas la guerre ! ».

Ayant à vaincre un ennemi considérable, d'énormes forces de police « s'abattent avec furie sur la foule », écrit *Le Petit Parisien*. « Les Boulevards ont été souillés par une manifestation impie », s'indigne *Le Temps*. On accuse Jaurès de « n'avoir pas risqué le moindre mot de blâme à l'adresse des bandes antimilitaristes ».

Le comte Berchtold, ministre austro-hongrois des Affaires étrangères.

Ces articles paraissent le mardi 28 juillet.

Le comte Berchtold, ministre austro-hongrois des Affaires étrangères, annonce à l'empereur François-Joseph que les Serbes ont ouvert le feu sur les troupes autrichiennes. Au vrai, ce sont des Autrichiens qui ont tiré sur la rive serbe !

Berchtold a-t-il délibérément menti ou a-t-on, sur la frontière entre la Serbie et l'Autriche-Hongrie, échangé quelques coups de feu sans intention de déclencher une guerre dont les grandes puissances redoutent les conséquences ?

Le kaiser Guillaume II note qu'en acceptant les principales clauses de l'ultimatum austro-hongrois, la Serbie a en fait capitulé et « toute raison de guerre » a dès lors disparu.

Il est déjà trop tard.

Le mardi 28 juillet, l'Autriche-Hongrie déclare la guerre à la Serbie.

Ce jour-là, Mme Caillaux est acquittée et des manifestations nationalistes courtes mais violentes se produisent à Paris devant le Palais de Justice.

Mais ce n'est plus que la fin d'un épisode que l'évolution de la situation rend anachronique.

Jaurès, ce 28 juillet, se rend à Bruxelles pour une réunion extraordinaire du bureau de l'*Internationale socialiste.*

Il s'agit d'empêcher la guerre de s'étendre.

« Le tumulte des événements se précipite dans un monde obscur, affolé, dit Jaurès à Léon Blum, qui l'a accompagné jusqu'à la gare du Nord. Jamais ce que le monde d'aujourd'hui a de chaotique, d'aveugle et de brutal n'est apparu avec une aussi noire évidence... On se demande s'il vaut la peine de vivre et si l'homme n'est pas un être prédestiné à la souffrance, étant aussi incapable de se résigner à sa nature animale que de s'en affranchir. »

À Bruxelles, Jaurès doit loger à l'hôtel de l'Espérance...

Demain, mercredi 29 juillet, il rencontrera, à la Maison du Peuple, les représentants de l'*Internationale socialiste.*

Dans la nuit du 28 au 29 juillet, à 20 h 45, le kaiser Guillaume II envoie un télégramme à son cousin, le tsar Nicolas II. Les deux souverains sont tous deux cousins du roi d'Angleterre et conversent en anglais.

« C'est avec l'inquiétude la plus grave, télégraphie Guillaume II, que j'apprends l'impression que l'action de l'Autriche contre la Serbie crée dans ton pays... »

Il justifie cette « action » en évoquant l'attentat de Sarajevo « odieux... abominable assassinat ». Il faut châtier les auteurs de ce double meurtre.

« D'un autre côté, je comprends parfaitement combien il est difficile pour toi et ton gouvernement d'affronter la poussée de l'opinion publique...

« C'est pourquoi, tenant compte de la cordiale et tendre amitié qui nous unit tous deux par de solides liens depuis longtemps, j'exerce toute mon influence pour amener les Autrichiens à négocier franchement à l'effet d'arriver avec toi à une entente satisfaisante...

« Ton sincèrement dévoué ami et cousin. Willy. »

À 1 heure du matin, le mercredi 29 juillet, dans le cœur de la nuit, le tsar télégraphie à Guillaume II.

« Je suis heureux que tu sois revenu en Allemagne. Dans ce moment si grave, je fais appel à ton aide. Une guerre ignoble a été déclarée à un pays faible. L'indignation en Russie, indignation que je partage entièrement, est énorme. Je prévois que bientôt je serai entraîné par la pression qui s'exerce sur moi et que je serai forcé de prendre des mesures extrêmes qui conduiront à la guerre. Pour tâcher d'éviter une calamité telle qu'une guerre européenne, je te prie, au nom de notre vieille amitié, de faire ce que tu peux pour empêcher tes alliés d'aller trop loin. Nicky. »

Guerre localisée ou guerre européenne ?

Ce mercredi 29 juillet, c'est la question en ce début de matinée. Guillaume II et les Anglais envisagent une « solution locale » : prise de Belgrade par les troupes austro-hongroises, mise en œuvre de la totalité des points contenus dans l'ultimatum austro-hongrois, puis évacuation de la capitale serbe.

Alors que la mécanique « militaire » s'est enclenchée, de fait est-ce une proposition réaliste ?

À 8 h 30, ce mercredi 29 juillet, Poincaré et Viviani débarquent du cuirassé *France*, à Dunkerque.

L'atmosphère est lourde.

Dans son *Journal*, Abel Ferry, sous-secrétaire d'État aux Affaires étrangères, venu accueillir le président de la République et le président du Conseil, note que les deux présidents ont hâte de gagner Paris.

« À leur débarquement à Dunkerque, écrit Ferry, ni Viviani ni Poincaré ne veulent croire à la guerre. Dans le train présidentiel, pendant trois heures, je leur lis et commente le dossier. »

17.

À Paris, ce mercredi 29 juillet 1914, à 13 h 20, le train présidentiel s'immobilise gare du Nord.

Les quais sont pavoisés, envahis par une foule qui crie : « Vive la France ! », « À Berlin ! », et entonne des refrains patriotiques :

« Vous n'aurez pas l'Alsace et la Lorraine
Et malgré vous nous resterons français... »

Poincaré apparaît. On l'acclame.

On aperçoit Maurice Barrès entouré de jeunes gens qui agitent des drapeaux.

La Ligue des Patriotes a mobilisé ses membres et cet accueil n'a rien de spontané.

Les officiers présents sont entourés, applaudis. Un amiral s'écrie : « Nous n'avons pas à commander à la Providence, mais j'ai la sensation que, le moment venu, la France sera prête. »

Poincaré et Viviani se dirigent vers les voitures et les officiers ont du mal à leur ouvrir un chemin dans cette foule enthousiaste.

Personne ne semble se souvenir que, pour l'heure, il s'agit d'un conflit entre l'Empire austro-hongrois et la Serbie... On évoque Berlin, Guillaume II, l'Alsace et la Lorraine, le grand allié russe.

Dans le train, Poincaré a appris de la bouche d'Abel Ferry que le tsar a commencé sans l'annoncer la mobilisation de ses troupes.

L'ambassadeur de France à Saint-Pétersbourg, Maurice Paléologue, a assuré le ministre des Affaires étrangères du tsar, Sazonov, que la Russie peut compter sur le soutien de la France.

Il a outrepassé ses instructions. Mais Poincaré et Viviani se contentent de faire envoyer un télégramme à Paléologue afin qu'il incite le tsar à éviter toute provocation.

La foule agitant ses drapeaux court derrière les voitures qui roulent lentement, les rues proches de la gare du Nord étant envahies par des manifestants.

« Jamais je n'ai eu plus de mal moralement et physiquement à rester impassible », écrira Poincaré.

« Voilà la France unie, dit-il, voilà les querelles politiques oubliées, voilà le cœur du pays qui se révèle dans sa généreuse réalité.

« Jamais il ne m'a été donné d'assister à un spectacle plus émouvant, de la simplicité, de la grandeur, de l'enthousiasme, de l'union, de la gravité, tout contribue à faire de cet accueil quelque chose d'inoubliable. »

À l'Élysée, les ministres sont réunis, attendant l'arrivée de Poincaré et de Viviani.

Le ministre des Affaires étrangères par intérim, Bienvenu-Martin, commence, dès l'installation des deux présidents, à rendre compte des dernières informations.

Les plus graves concernent l'ordre de mobilisation partielle donné par le tsar « officieusement ». Mais l'oukase, décrétant la mobilisation générale, est prêt.

À Potsdam, les généraux allemands insistent auprès de Guillaume II sur le danger que représentent ces initiatives russes. Leurs troupes seront prêtes à agir avant que la mobilisation allemande ne soit décidée.

On a appris que le ministre des Affaires étrangères allemand, Gottlieb von Jagow, a adressé le message suivant à l'ambassadeur d'Allemagne à Saint-Pétersbourg :

« Je vous prie d'attirer très sérieusement l'attention de M. Sazonov sur le fait que la continuation des mesures de mobilisation russe nous forcerait à la mobilisation et que dans ces conditions il serait presque impossible d'empêcher la guerre européenne. »

Message télégraphié ce mercredi 29 juillet au début de l'après-midi.

L'Allemagne accepte donc le *risque* d'une *guerre européenne*. Les systèmes d'alliance, les impératifs stratégiques présentés par les états-majors des différentes nations sont des mécanismes que les chefs d'État ont de plus en plus de mal à contrôler, à freiner.

Chacun d'eux imagine que l'autre va reculer. La guerre n'est pas choisie, mais sa menace est brandie comme un élément du jeu diplomatique.

Poincaré, en cette fin juillet, dit ainsi :

« La faiblesse vis-à-vis de l'Allemagne est toujours mère de complications… La seule manière d'écarter le danger est de montrer une fermeté persévérante et un impassible sang-froid. »

Poincaré ne mesure pas que la guerre a déjà franchi les portes.

Que l'urgence est là.

Mais les représentants des partis socialistes réunis à Bruxelles sont aussi aveugles que les chefs d'État.

Ils décident que le congrès de l'*Internationale socialiste* se tiendra à Paris – et non à Vienne – le 9 août et sera précédé d'une manifestation imposante en faveur de la paix.

Jaurès, quand il prend la parole dans la salle du Cirque royal à Bruxelles, devant plus de 10 000 personnes, semble ignorer l'urgence d'agir. Où en sera la situation le 9 août ? Dans onze jours. Il ne s'interroge pas.

Son discours est émouvant.

Il décrit les horreurs de la guerre.

« Quelle raison nous donnez-vous de tous ces cadavres ?…

« Quand vingt siècles de christianisme ont passé sur les peuples, quand depuis cent ans ont triomphé les principes des droits de l'homme, est-il possible que des millions d'hommes sans savoir pourquoi, sans que les dirigeants le sachent, s'entredéchirent sans se haïr ? »

C'est plus une méditation qu'un appel à l'action, comme si Jaurès ne croyait plus à ce projet de grève générale pour obliger les gouvernements à avoir recours à l'arbitrage, à la négociation.

« Nous socialistes français, s'écrie-t-il, notre devoir est simple : nous n'avons pas à imposer une politique de paix à notre gouvernement, il la pratique. »

Il ajoute, de manière solennelle :

« J'ai le droit de dire devant le monde qu'à l'heure actuelle le gouvernement français est le meilleur allié de paix de cet admirable gouvernement anglais qui a pris l'initiative de la conciliation et il donne à la Russie des conseils de prudence et de patience. »

Et pour ajouter plus de force à sa conviction que Paris mène maintenant une politique de paix il rappelle son attitude passée :

« Je n'ai jamais hésité à attirer sur ma tête la haine de nos chauvins par ma volonté obstinée et qui ne faiblira jamais d'un rapprochement franco-allemand. »

À cette étape de la crise, Jaurès pense donc que Moscou, Vienne et Berlin portent les responsabilités majeures. Il prêche encore pour la conciliation proposée par l'Angleterre. Puis dans sa péroraison, il crie :

« Hommes humains de tous les pays, voilà l'œuvre de paix et de justice que nous devons accomplir. »

Il est acclamé, la salle debout agite chapeaux et mouchoirs, un cortège se forme cependant qu'épuisé il rentre à l'hôtel de l'Espérance.

Jaurès ignore que la mobilisation russe a commencé et que les Allemands le savent. Ils pensent que le conflit entre l'Empire austro-hongrois et la Serbie porte dans ses flancs la guerre européenne.

Et dès lors l'espoir de Jaurès, la « conciliation » voulue par l'« admirable gouvernement anglais » à laquelle s'est rallié Paris, apparaît déjà comme une hypothèse dépassée.

Mais au bord de l'abîme, les chefs d'État, en même temps qu'ils sont fascinés, paralysés par cette guerre qui rugit, et dont ils voient les yeux jaunes, hésitent.

En fin d'après-midi, ce mercredi 29 juillet, le kaiser Guillaume II reçoit les chefs militaires.

« Ce serait une folie d'en arriver à une guerre généralisée sur cette question », s'exclame-t-il.

Il demande aux chefs militaires de quitter la pièce et dicte le texte d'un nouveau télégramme adressé à Nicolas II.

Il est 18 h 30.

« Il serait parfaitement possible pour la Russie de rester spectatrice du conflit serbe, sans engager l'Europe dans la plus horrible des guerres dont elle n'ait jamais été le témoin. »

Nicolas II répond deux heures plus tard :

« Il serait bon de confier le problème austro-serbe à la conférence de La Haye. J'ai confiance en ta sagesse et ton amitié.

« Your loving Nicky. »

Guillaume II s'impatiente. Le tribunal de La Haye ?

Est-ce que Nicolas II, le brave Nicky, se moquerait de lui ?

Le kaiser reçoit le ministre de la Guerre, le général Erich von Falkenhayn, accompagné du chef d'état-major de l'armée allemande, le comte Ludwig von Moltke. Le chancelier d'Allemagne Bethmann-Hollweg se joint à eux.

Tous insistent sur la nécessité de décréter la mobilisation – ce qui équivaut pour les Allemands au premier acte de la guerre – puisque les Russes, s'ils parlent de conciliation, de tribunal international, continuent à mobiliser.

Guillaume II d'une voix cassante, brutale, dicte un nouveau télégramme au tsar :

« Toute médiation est impossible, dit-il, si, comme toi et ton gouvernement le laissez dire, la Russie mobilise contre l'Autriche.

« Désormais, tout le poids de la décision pèse sur tes épaules, toi qui portes la responsabilité de la paix ou de la guerre. Willy. »

Ce jeudi 30 juillet 1914 est une éclatante journée d'été. Nicolas II est resté éveillé toute la nuit. Il doit recevoir dans la journée les chefs militaires, le président de la Douma – l'Assemblée – qui, « comme chef des représentants du peuple russe », plaidera lui aussi pour la mobilisation générale.

Nicolas II écoute les uns et les autres.

Le 30 juillet, à 16 heures, il signe l'oukase décrétant la mobilisation générale qui prendra effet le 31 juillet.

Neuf millions d'hommes vont revêtir l'uniforme.

Nicolas II veut croire qu'il a évité la guerre en montrant aux Allemands sa détermination.

Pour ceux-ci, les Russes viennent de commettre un acte d'agression et Guillaume II a le sentiment d'avoir été dupé par son ami Nicky.

À Paris, le chef des armées, le général Joffre, réclame à son ministre, Adolphe Messimy, l'ordre de mobilisation.

Il assure que si cette décision était retardée, l'armée française ne pourrait faire face à une offensive allemande.

Ce jeudi 30 juillet, Viviani et Poincaré hésitent encore. Mais à l'école militaire de Saint-Cyr, la cérémonie au cours de laquelle sont nommés les nouveaux officiers – le « triomphe » – est annulée. L'heure n'est plus aux parades.

Viviani précise – au gouvernement anglais, dont on espère qu'il restera fidèle à la Triple-Entente aux côtés de Paris et Saint-Pétersbourg :

« Nous avons retenu nos troupes à dix kilomètres de la frontière, en leur interdisant de s'en approcher davantage. Le gouvernement de la République tient à montrer que la France pas plus que la Russie n'a la responsabilité de l'attaque. »

Peut-on encore éviter cette guerre européenne qui s'avance inexorablement alors que les peuples – à quelques dizaines de milliers de nationalistes près – sont pacifiques, et que les chefs d'État et leur gouvernement, même s'ils sont prêts à en prendre les risques, ne la désirent pas ?

Dans la nuit du jeudi 30 juillet, toute l'armée austro-hongroise est mobilisée.

Mais ce même jour, le télégramme que Léon Jouhaux, secrétaire général du syndicat CGT, envoie au secrétaire général de la Centrale syndicale allemande pour l'adjurer de faire pression sur son gouvernement en faveur de la paix ne reçoit aucune réponse.

Jaurès ne veut pas renoncer à empêcher la guerre.

Rentré de Bruxelles, ce jeudi 30 juillet, à 17 h 15, il se rend à la Chambre des députés.

Les journalistes l'entourent.

« La médiation de l'Angleterre n'a pas échoué, dit-il, je ne comprends ni le pessimisme ni cette sorte d'affolement. »

Il se rend au siège de *L'Humanité*.

On lui apprend que le gouvernement a interdit un grand meeting que devait tenir salle Wagram la CGT, et toutes les issues du métro sont déjà fortement gardées par la police. Pourtant, des rassemblements commencent à se former autour de la place de l'Étoile et place des Ternes malgré la brutalité des agents. Toute la soirée, ce quartier de Paris restera le théâtre de violences.

Dans les villes de province, de nombreuses manifestations ont lieu à l'appel des Bourses du travail et du Parti socialiste. Ainsi à Brest, à Bourges, à Lyon, à Cherbourg. Dans chaque ville, des milliers de manifestants crient leur refus de la guerre. C'est un courant pacifiste, fort et impétueux, qui semble s'amorcer.

La CGT voudrait organiser une grande manifestation dimanche 2 août.

Jaurès préfère que l'on se réserve pour le 9 août, jour du congrès de l'*Internationale socialiste*.

« Il faut à tout prix, dit Jaurès, préserver la classe ouvrière de la panique et de l'affolement. »

Et Jaurès ajoute qu'il croit que l'état actuel de la tension en Europe durera encore une dizaine de jours. Après discussion, les délégués de la CGT se rallient au point de vue de Jaurès. Ils en discuteront demain

31 juillet en comité confédéral, mais leur décision est prise.

Jaurès est ivre de fatigue. Il descend dîner rapidement dans l'un des restaurants qu'il fréquente, le Coq d'Or, au coin de la rue Montmartre et de la rue Feydeau. Bruits, lumières, conversations à voix haute, regards appuyés des employés de la Bourse, des journalistes qui traînent là, dans une rumeur de musique et de chanson.

Il faut encore retrouver le bureau, écrire, la tête si lourde et qui pourtant s'allège au fur et à mesure que les mots viennent sous le titre placé au milieu de la page : *Sang-froid nécessaire.* « Folie de la guerre », dit Jaurès. Le danger est dans « l'énervement qui gagne, l'inquiétude qui se propage ». Le péril est grand, mais il n'est pas invincible. Et Jaurès ajoute : « Les batailles diplomatiques s'étendent nécessairement sur plusieurs semaines. »

Il ne dispose pas des dernières informations sur la mobilisation russe et, alors même qu'il écrit, il ignore la décision de mobiliser toute l'armée qui est prise à Vienne.

Ce sont désormais les machineries militaires avec leurs exigences qui l'emportent. Le poids des états-majors, leurs raisons techniques, leur apparente logique ont pris le dessus.

Et puis Jaurès oublie que la « bataille diplomatique », s'il est juste de dire qu'elle ne se conclut pas en quelques heures, s'est engagée, dès lors que se constituaient des systèmes d'alliances. Et que la France et l'Allemagne se disputaient le Maroc.

Cette journée du 30 juillet 1914 qui s'achève n'est que le terme d'un processus commencé il y a plus de dix ans.

Ne sait-il plus cela Jaurès, ou ne veut-il plus s'en souvenir ?

Dans la chaleur de la nuit, son article est porté au marbre et, alors que s'entassent les dépêches annonçant les manifestations pour la paix qui ont lieu dans les villes de province, que l'on apprend que, place des Ternes et place de l'Étoile à Paris, des affrontements sanglants ont eu lieu entre des manifestants et la police, Jaurès descend au café-restaurant du Croissant, au coin de la rue du Croissant et de la rue Montmartre.

Il est songeur. Le harassement de la journée s'inscrit sur son visage. Il boit lentement. Il parle à voix basse des passions bestiales que la guerre, si elle a lieu, va réveiller.

« Il faut nous attendre à être assassinés au coin de la rue », dit-il.

Il monte dans un taxi, maladroit, son corps lourd. Il a le regard ailleurs.

Un homme de 29 ans est là qui suit la voiture des yeux pendant qu'elle s'éloigne.

Il a guetté Jaurès. Il se nomme Raoul Villain. Il est arrivé de Reims la veille. Blond, une mince moustache barre son visage quelconque, sans vigueur. Sa mère est internée depuis quelques années pour « manie chronique ». Il n'aime pas son père.

Il a adhéré à la Ligue des jeunes amis de l'Alsace-Lorraine et déjà a songé à tuer Guillaume II. Il y a une dizaine de jours, le 19 juillet, il est allé à Sèvres dans une kermesse catholique. Il s'est placé devant le stand de tir et là, pendant trois heures, il a tiré sans discontinuer, silencieux et précis.

Le jeudi 30 juillet vers 22 heures, il s'est dirigé vers les bureaux de *L'Humanité*. Il n'avait jamais vu Jaurès. Il aperçoit un groupe qui sort du journal. Peut-être Jaurès en fait-il partie ? Villain interroge un ouvrier qui lui désigne le directeur de *L'Humanité*. Villain l'imaginait plus âgé. Il s'approche du café du Croissant, aperçoit Jaurès assis près d'une fenêtre donnant rue Montmartre. Villain a un pistolet dans sa poche, les doigts serrés sur la crosse.

Et puis il hésite, s'éloigne, revient. Jaurès apparaît. Un homme, l'un de ceux qui étaient sortis de *L'Humanité* avec le leader socialiste, appelle un taxi dans lequel Jaurès monte. L'occasion est passée.

Villain reviendra. Il pense qu'il lui faudra aussi trouver Caillaux. Il s'en va.

18.

C'est l'aube étouffante du vendredi 31 juillet 1914.

Dans sa propriété normande de Cuverville, André Gide est à sa table de travail.

Il écrit lentement, veillant à ne pas laisser passer un jour sans rapporter dans son journal ce qu'il vit et ressent.

Il relit les dernières phrases notées hier soir, jeudi 30 juillet, dans l'air immobile et poisseux de cette nuit estivale.

« Notre voisin, Georges, qui revient du Havre, avait-il écrit, nous parle de l'interminable queue et des services d'ordre devant les sociétés de crédit où tout le monde vient prendre de l'argent. Au restaurant, avant de servir le client, les garçons l'avertissent qu'on n'acceptera pas les billets.

« Les caisses d'épargne refusent de donner plus de cinquante francs à la fois, et les banques ne répondent plus que proportionnellement aux demandes. »

Gide tire un trait, écrit :

« Vendredi 31 juillet

« L'on s'apprête à entrer dans un long tunnel plein de sang et d'ombre. »

À la même heure, dans une imprimerie de Rouen sortent les premiers exemplaires de *La Dépêche de Rouen* qui seront mis en vente ce matin du 31 juillet.

Au milieu d'une page, un *propos* d'Alain, une colonne pathétique où le philosophe est déjà dans l'au-delà de la guerre, comme s'il en voyait les conséquences.

« Le peuple après cela, écrit-il, vainqueur ou vaincu, est pauvre de vrai sang noble... La saignée prend le meilleur sang... Hors du rang oui, mais pour être aussitôt mitraillés. Beau choix pour le tombeau ! L'injustice lira quelque oraison funèbre ; mais ces leçons de toutes ces belles morts pour qui ? Je crains alors une moisson étonnante d'hypocrisie, un temps de discours pompeux mais de réelle petitesse... Je voudrais que les ombres des héros reviennent et qu'ils admirent cette paix honorable qu'ils auront achetée de leur vie. »

Mais ni Gide ni Alain, ni les anonymes qui se pressent devant les guichets des caisses d'épargne, et que la panique saisit, ne peuvent concevoir une guerre où tomberont dix millions d'hommes !

Personne, ni même les chefs d'État et les généraux, n'imagine le grand massacre qui se prépare.

Cependant – déjà – ce vendredi 31 juillet 1914, dans toute l'Europe, les trains chargés de troupes roulent. Sur les pavés des cours de caserne, c'est le martèlement des sabots des milliers de chevaux rassemblés qu'on va atteler aux prolonges d'artillerie. On se prépare pour la tuerie.

Mobilisation en Russie. Mobilisation en Autriche-Hongrie. Mesures militaires en France. Les bâtiments de la Royal Navy anglaise sont en alerte. Et l'état-major allemand a déjà donné ses ordres pour que puisse être proclamé, dans les heures qui viennent, l'*état de danger de guerre*.

En fait, cette disposition est déjà une mesure de guerre dictée par l'analyse de la situation que fait l'état-major allemand : l'Allemagne ne peut triompher d'une coalition franco-russe qu'à la condition de mettre en œuvre une stratégie offensive.

Le général Alfred von Schlieffen – il est mort en 1913 – et, après lui, son successeur von Moltke envisagent de contourner l'imprenable réseau fortifié français – dont Verdun est une clé de voûte – en attaquant à revers les troupes françaises.

Helmuth von Moltke.

Les unités allemandes avanceraient au nord – ce qui suppose la traversée de la Belgique – et encercleraient les Français qui auraient été attirés en Lorraine et en Alsace comme dans une nasse, que les unités allemandes venues du nord fermeraient.

Il suffirait de six semaines pour vaincre la France. Cet adversaire éliminé – comme en 1870-1871[1] –, on se tournerait vers les Russes.

Le *plan Schlieffen*, développé par von Moltke, implique de prendre de vitesse les Français et les Russes. Et von Moltke comme le ministre de la Guerre von Falkenhayn et le chancelier Bethmann-Hollweg incitent Guillaume II à proclamer l'état de danger de guerre.

La France et la Russie devraient ainsi abandonner la Serbie, ou bien s'y refuser, et l'Allemagne déploierait alors sa stratégie offensive, le plan Schlieffen.

Ce vendredi 31 juillet, à 13 heures, Guillaume II cède ; l'état de danger de guerre est proclamé.

Mais « formellement » ce n'est pas encore la guerre, et le kaiser à 14 heures télégraphie au tsar Nicolas II.

« La responsabilité du désastre qui maintenant menace le monde ne viendra pas de moi, dicte-t-il. En ce moment, il est encore en ton pouvoir de le prévenir. Personne ne menace l'honneur ni la puissance de la Russie qui peut bien se permettre d'attendre le résultat de ma médiation. Mon amitié pour toi et ton empire transmise par mon grand-père sur son lit de mort m'a toujours paru sacrée... La paix de l'Europe peut encore être sauvée par toi si la Russie accepte d'arrêter les mesures militaires qui menacent l'Allemagne et l'Autriche-Hongrie.

« Willy. »

1. Et... 1940.

Une heure plus tard, Nicolas II répond :

« Je te remercie du fond du cœur pour ta médiation qui commence à me donner l'espoir que tout puisse se terminer pacifiquement... Il est techniquement impossible d'arrêter nos préparatifs militaires qui ont été nécessités par la mobilisation de l'Autriche. Nous sommes loin de souhaiter la guerre... Mes troupes ne feront aucune provocation...

« Ton affectionné Nicky. »

Quelques heures plus tard, l'ambassadeur d'Allemagne à Saint-Pétersbourg remet à Nicolas II un ultimatum : si la Russie n'arrête pas sa mobilisation – qui a commencé en fait dès le 24 juillet, sans être proclamée ! –, l'Allemagne mobilisera à son tour à l'expiration de l'ultimatum, le samedi 1er août à midi.

Et ce sera la guerre européenne, car la France alliée de la Russie lui a toujours affirmé sa solidarité.

L'attitude de l'Angleterre préoccupe Paris. Poincaré vient d'écrire une lettre autographe au roi George V.

« Si l'Allemagne, dit Poincaré, avait la certitude que l'Entente cordiale s'affirmerait, le cas échéant, sur les champs de bataille, il y aurait les plus grandes chances pour que la paix ne fût pas troublée. »

Le roi rédige la réponse évasive que lui dictent ses ministres.

À Paris, en dehors de Poincaré et de Viviani, seuls quelques membres du gouvernement connaissent les derniers développements de la situation.

Quand Jaurès arrive à la Chambre des députés, il croit toujours que le gouvernement français soutient la médiation anglaise.

Dans les couloirs du Palais-Bourbon, c'est l'affluence. Des ministres passent, jetant quelques bribes de confidences, les journalistes guettent, apportent des informations.

Jaurès assiste à la réunion du groupe socialiste, on s'inquiète des interdictions aux manifestations de la CGT, décidées par Malvy, ministre de l'Intérieur. Une délégation revient d'une rencontre avec le ministre : il refuse de rapporter sa mesure.

Jaurès sort dans les couloirs. On s'agglutine autour d'un ministre qui apporte la nouvelle : Berlin a proclamé l'état de danger de guerre, le *drohender Kriegsgefahrzustand*. Les voies ferrées seraient déjà coupées, des locomotives retenues.

Jaurès aborde Malvy qui lui aussi apparaît dans les couloirs. Jaurès hausse le ton, il est urgent de faire pression sur Saint-Pétersbourg.

« Il faut, dit-il à Malvy, que la Russie accepte la proposition anglaise, sinon la France a le devoir de lui dire qu'elle ne la suivra pas, qu'elle restera avec l'Angleterre. »

Malvy donne d'une voix lasse, faiblement, des assurances. Mais Jaurès ne croit plus à la détermination du gouvernement : « Si la pression n'est pas faite énergiquement, c'est l'irréparable. » Et il menace : « La responsabilité du gouvernement va être terriblement engagée. »

Malvy se dérobe. Les couloirs sont pleins de rumeurs. Jaurès, avec fébrilité, veut encore espérer.

On cherche des dictionnaires. On téléphone à l'ambassade d'Allemagne. Il faut savoir avec précision quel est le sens de l'expression *drohender Kriegsgefahrzustand*.

Jaurès se rassure un peu : le sens n'en serait que « état de siège », « loi martiale ». Mais il ne se convainc pas lui-même, il prend à témoin les députés et les journalistes qui l'entourent. Il lance :

« Non, non, la France de la Révolution ne peut pas marcher derrière la Russie des moujiks contre l'Allemagne de la Réforme. »

Puis il reprend ce qu'il a déjà dit à Malvy, notre pays apparaîtra vassal de la Russie, et il s'exclame, violent, indigné : « Allons-nous déchaîner un cataclysme mondial pour Isvolsky, ancien ministre des Affaires étrangères du tsar, l'ambassadeur russe à Paris, qui est furieux de ne pas avoir touché de l'Autriche un pourboire de 40 millions en 1908 pour l'abandon de la Bosnie-Herzégovine aux Austro-Hongrois ! »

Il est 19 heures. À la tête d'une délégation socialiste, Jaurès se rend au Quai d'Orsay. Mais Viviani, qui assume aussi la charge de ministre des Affaires étrangères, est en train de recevoir le baron von Schoen, ambassadeur d'Allemagne. C'est Abel Ferry, sous-secrétaire d'État, qui écoute la délégation. L'homme est jeune, intelligent.

Jaurès parle avec une autorité grave.

« Prenez garde », commence-t-il. Il accuse :

« Vous avez parlé trop mollement à notre allié russe. »

Abel Ferry se récrie, tente de convaincre Jaurès de la fermeté des avis de Paris.

« C'est ce que nous faisons », dit-il.

Jaurès reprend. Il faut obliger la Russie à accepter l'arbitrage que Londres propose à Saint-Pétersbourg et à Berlin.

« Là est le devoir, là est le salut. »

Ferry a quelques paroles aimables. « Comme je regrette, monsieur Jaurès, que vous ne soyez pas au milieu de nous pour nous aider de vos conseils. »

On n'ose pas dire la vérité à Jaurès. On craint son regard. On a peur de son intelligence impitoyable. On sait au fond de soi qu'il a raison. Jaurès n'est pas dupe.

« Je vous jure, dit-il, que si dans de pareilles conditions, vous nous conduisez à la guerre, nous nous dresserons, nous crierons la vérité au peuple. »

De toute son intégrité, il jette à Ferry, impressionné :

« Vous êtes victimes d'Isvolsky et d'une intrigue russe ; nous allons vous dénoncer, ministres à la tête légère, dussions-nous être fusillés. »

Derniers mots lancés par Jaurès.

Ferry n'a pas eu le courage d'affronter Jaurès, mais il murmure à un député, comme un aveu : « Tout est fini, il n'y a plus rien à faire. »

L'ambassadeur d'Allemagne, le baron von Schoen, vient de quitter Viviani.

Il a notifié au président du Conseil et ministre des Affaires étrangères que l'Allemagne exige la démobilisation de l'armée russe dans un délai de quarante-huit heures.

Puis, sur un ton comminatoire, il demande au gouvernement français si « dans une guerre entre l'Allemagne et la Russie, la France restera neutre. La réponse doit être donnée dans un délai de dix-huit heures ».

Von Schoen a reçu de Berlin les instructions les plus nettes :

« Télégraphiez immédiatement l'heure à laquelle vous aurez posé cette question. La plus grande hâte s'impose. »

Viviani se dérobe. « Je ne suis nullement renseigné sur une prétendue mobilisation russe. »

Ce qui est vrai. L'ambassadeur de France à Saint-Pétersbourg, Paléologue, a transmis avec retard des informations qui parviendront après la remise de l'ultimatum allemand, présenté par le baron von Schoen.

« La France, poursuit Viviani, ne veut donc pas s'engager dans cette discussion. Elle s'inspirera de ses intérêts. »

À aucun moment, Viviani n'a évoqué une possible neutralité.

Von Schoen se dispense donc de faire état de la suite des instructions qui lui sont parvenues de Berlin.

« *Secret* : Si, ce qui est improbable, le gouvernement français déclare qu'il reste neutre, je prie Votre Excellence de déclarer au gouvernement français que nous devons exiger, comme gage de sa neutralité, *la remise des forteresses de Toul et Verdun*, que nous occuperons et que nous restituerons après que la guerre avec la Russie sera terminée. La réponse à cette question doit être connue d'ici demain 16 heures. »

Une neutralité à ce prix équivaut à une capitulation.

L'état-major allemand a suggéré cette « clause » sachant qu'elle rendait impossible une neutralité française.

Il a donc choisi la guerre offensive, fidèle en cela au plan Schlieffen.

Dans l'après-midi de ce vendredi 31 juillet 1914, plus personne ne doute que la guerre a fracassé les portes, qu'elle est entrée dans les esprits alors que, depuis un mois – depuis l'attentat de Sarajevo du 28 juin –, rares étaient ceux qui la croyaient possible.

Les journaux reléguaient les événements des Balkans, les tensions entre les grandes puissances, au bas des pages intérieures.

Pourtant, *Le Figaro* du 29 juillet, au lendemain de l'acquittement de Mme Caillaux, pouvait écrire : « Le plus énorme scandale de notre époque vient de couvrir de boue et de sang la République radicale… » Mais qui se souvient encore, deux jours plus tard, de cet éditorial de l'affaire ?

À l'école militaire de Saint-Cyr, la nouvelle promotion est baptisée *Croix du drapeau*. Un sous-lieutenant harangue ses camarades, exalte le souvenir des vaincus de 1870, ces « soldats de notre illustre race »… « Dormez par-delà la frontière, vous dormirez bientôt chez nous. »

D'autres jeunes officiers en gants blancs et coiffés du képi orné du casoar des saint-cyriens font le serment de charger l'ennemi.

Mais pour les pacifistes, les socialistes, ceux qui avaient cru à la grève internationale, aux prolétaires refusant de massacrer leurs camarades étrangers, au nom de « *L'Internationale*, qui sera le genre humain », pour tous ceux-là, ce vendredi 31 juillet est un jour de défaite.

« Si la mobilisation se faisait, je pourrais être assassiné », a confié Jaurès.

Il veut écrire cette nuit, pour le journal *L'Humanité* du 1er août, un article qui serait une « sorte de *J'accuse* » qui clouerait au pilori ces « ministres à la tête légère », ces « étourneaux hallucinés ».

Mais d'abord il doit reprendre des forces, dîner.

Il entre au café du Croissant, rue Montmartre, s'installe à une table avec des journalistes. Il tourne le dos à la rue.

De la salle, on observe Jaurès, on le dévisage. Certains de ses camarades s'inquiètent. Il semble indifférent. Un journaliste lui montre la photo de sa petite-fille. Jaurès demande l'âge de l'enfant.

Raoul Villain, auteur de l'attentat contre Jean Jaurès le 31 juillet 1914.

Personne ne voit Raoul Villain s'approcher de la fenêtre, soulever le rideau, pointer un revolver à 21 h 40, ce vendredi 31 juillet 1914, abattre Jaurès d'une balle dans la tête.

Une femme hurle : « Jaurès est tué, ils ont tué Jaurès ! »

On court, on se saisit de Raoul Villain.

Un pharmacien refuse de donner une ampoule pour faire une piqûre à Jaurès.

« Je ne donne rien pour cette crapule de Jaurès, pour ce bandit qui est responsable de la guerre. »

Dans le café du Croissant, un officier en tenue de campagne décroche sa Légion d'honneur et la pose sur la poitrine de Jaurès. Geste d'hommage du capitaine Gérard.

La poétesse Anna de Noailles écrit :

« J'ai vu ce mort puissant le soir d'un jour d'été.
Un gisant solennel. Une table à côté
La gloire qui dormait près de la pauvreté
J'ai vu ce mort auguste et sa chambre économe
La chambre s'emplissait du silence de l'homme
L'atmosphère songeuse entourait de respect
Ce dormeur grave en qui s'engloutissait la paix.
[...]
L'Histoire s'emparait, éplorée, alarmée,
De ce héros tué en avant des armées. »

19.

« Ils ont tué Jaurès. »

Dans la foule qui s'est agglutinée devant le café du Croissant, on répète ces quatre mots à voix basse, comme si l'on était agenouillé dans une église et que sonnait le glas. Et quelqu'un dit : « Demain, ce sera le tocsin. Ils ont tué Jaurès, alors c'est la guerre. »

Et Anna de Noailles à qui l'on a téléphoné la nouvelle évoque « ce héros tué en avant des armées, [Jaurès] en qui s'engloutissait la paix… ».

La mort de Jaurès, on l'annonce aux ministres réunis en Conseil à l'Élysée afin d'élaborer la réponse à l'ultimatum remis à Viviani par von Schoen, l'ambassadeur d'Allemagne.

Assassiné, Jaurès ?

Les ministres, « après quelques exclamations d'horreur, se réfugient dans un prodigieux silence », note l'un d'eux.

Malvy, le ministre de l'Intérieur, s'absente, revient.

« Le préfet de police me téléphone qu'il y aura la révolution à Paris dans trois heures. Les faubourgs vont descendre, dit-il.

— Alors quoi, lance un ministre, la guerre étrangère et la guerre civile ? Tout alors ! »

On décide de garder à Paris pour le maintien de l'ordre deux régiments de cuirassiers, qui devaient partir pour la frontière.

Mais Malvy refuse d'arrêter les pacifistes, les syndicalistes, les monarchistes, tous ceux qu'on a récusés dans le *Carnet B*, une liste établie dans chaque département.

Il était prévu de les incarcérer préventivement.

« Laissez-moi la guillotine et je vous garantis la victoire », avait plusieurs fois déclaré le ministre de la Guerre, Adolphe Messimy.

Malvy l'emporte.

On fait confiance au patriotisme des citoyens. Et d'autant plus que l'arrestation et les aveux de Raoul Villain confirment qu'il s'agit d'un acte individuel.

« Abominable et sot », dit Poincaré.

Il écrit à Mme Jaurès :

« J'apprends l'abominable attentat dont votre mari a été la victime. Jaurès avait souvent été mon adversaire, mais j'avais une grande admiration pour son talent et son caractère, et à une heure où l'union nationale était plus nécessaire que jamais je tiens à vous exprimer les sentiments que j'avais pour lui. »

René Viviani rédige la *Proclamation* du gouvernement qui sera affichée dans toute la France.

Il était l'ami de Jaurès. Il salue le « républicain socialiste » et souligne qu'en « ces jours difficiles et dans l'intérêt de la paix il a soutenu l'action patriotique du gouvernement… Dans les graves circonstances que la patrie traverse, le gouvernement compte sur le patriotisme de la classe ouvrière, de toute la population pour observer le calme et ne pas ajouter aux émotions publiques par une agitation qui jetterait la capitale dans le désordre… ».

Mais tout est calme.

Le journaliste Gustave Hervé, connu pour son antimilitarisme, son pacifisme, compose dans cette nuit du vendredi 31 juillet 1914 la page « une » de son journal *La Guerre sociale* qui paraîtra demain, samedi 1er août :

« Défense nationale d'abord !

Ils ont assassiné Jaurès

Nous n'assassinerons pas la France ! »

Ce 1er août, Maurice Barrès s'incline devant la dépouille de Jaurès et écrit :

« Quelle solitude autour de celui dont je sais bien qu'il était, car les défauts n'empêchent rien, un noble homme, ma foi oui, un grand homme ! Adieu, Jaurès, que j'aurais voulu pouvoir librement aimer. »

Mais toujours ce samedi 1er août 1914, dans une brasserie de Toulon, un lieutenant de vaisseau apprenant la nouvelle commente :

« Tant mieux, il ne fera plus autant de mal qu'il en a fait. Je donne cinq francs au garçon si cette nouvelle est confirmée. »

Et l'écrivain à la mode Gyp – la comtesse Martel de Janville – note dans son *Journal* :

« Moi, je trouve que c'est de la bonne ouvrage de faite. Si *L'Action française* et son rédacteur en chef avaient vraiment rendu au pays ce signalé service, ils auraient fait une bien jolie besogne… Le ton des journaux me surprend fort. Par quelle aberration ce Jaurès de malheur est-il ce matin pleuré par les journaux patriotiques ou se disant tels, c'est ce qu'il m'est, quant à moi, impossible non seulement de comprendre mais d'admettre. »

Et Gyp, avec satisfaction, peut écrire encore :

« Dans tous les cas, elle n'a pas fait beaucoup d'effet, la disparition un peu brutale de l'enfant chéri d'un parti habituellement démonstratif. »

On n'oublie pas Jaurès, mais que faire ?

On apprend que le gouvernement, réuni ce samedi 1er août 1914, a décidé à 9 heures de décréter la mobilisation générale qui devient officielle.

Elle sera notifiée le dimanche 2 août à 16 heures. Les affiches blanches seront apposées sur les façades de toutes les mairies de France. Les gendarmes apporteront les feuilles de route aux mobilisés.

Mais la nouvelle se répand dès le samedi. C'est ce 1er août que la réponse de la France à l'ultimatum allemand a été transmise à l'ambassadeur von Schoen.

Le texte est ferme, mais n'envisage aucune mesure agressive. Au contraire : les troupes qui couvrent la frontière ont reçu l'ordre de reculer de dix kilomètres afin d'éviter tout incident.

Dans un *Appel à la Nation française*, Viviani, sans nommer l'Allemagne, révèle que des menaces pèsent sur le territoire de la République. Mais la France croit encore à une solution pacifique.

« La mobilisation n'est pas la guerre, conclut-il. Dans les circonstances présentes, elle apparaît, au contraire, comme le meilleur moyen d'assurer la paix dans l'honneur. »

Ce samedi 1er août à 17 heures, Guillaume II auquel l'ambassadeur von Schoen a transmis la réponse française décrète la mobilisation et, du balcon de son palais de Berlin, lance à la foule :

« L'Allemagne traverse une heure sombre. De toutes parts, des envieux nous obligent à tirer l'épée. »

En France, le tocsin a commencé à retentir.

André Gide, qui séjourne en Normandie, l'entend vers 3 heures cet après-midi du samedi 1er août.

« Un voisin, les traits décomposés, nous a dit, retenant ses sanglots : "Oui, c'est bien le tocsin, l'ordre de mobilisation est donné." »

Gide se rend à Criquetot. L'affiche est déjà apposée sur le mur de la mairie.

« Le tocsin s'est tu, note Gide, après l'immense alarme promenée sur tout le pays, il n'y a plus qu'un oppressant silence. Une pluie fine tombe par instants... Au retour, je ne rencontre personne. Devançant la mobilisation, on a déjà fait partir aujourd'hui, à 5 heures, les garçons boulangers, cordonniers, bourreliers, etc.

« Au lieu de cœur je ne sens qu'un chiffon mouillé dans ma poitrine. L'idée fixe de la guerre est entre mes deux yeux comme une barre affreuse à quoi toutes mes pensées viennent buter. »

Cette sensation, cette angoisse, le kaiser Guillaume II, Edward Grey, le secrétaire d'État au Foreign Office, les éprouvent aussi. Et même les dirigeants austro-hongrois et russes – responsables de cette marche à la guerre – les ressentent.

Le roi d'Angleterre George V télégraphie au tsar Nicolas II, son cousin germain.

« Je ne puis m'empêcher de croire que quelque malentendu a entraîné cette rupture subite avec l'Allemagne. J'en appelle à toi pour dissiper ce qui est d'après moi un malentendu afin de laisser encore ouverte la perspective de paix. »

Albert Ier (*au premier rang, à gauche*) et George V (*au premier rang, à droite*) passent en revue un régiment belge.

Cette hésitation de l'Angleterre inquiète Poincaré.

À Paris, on souhaite que Londres se range dans cette guerre aux côtés de la France et la Russie.

À Londres, on veut croire que rien n'est encore joué. On sait que Guillaume II a adressé un nouveau télégramme à Nicolas II.

Mais au fur et à mesure que passent les heures ce samedi 1er août 1914, chacun se convainc que la guerre est devenue inéluctable.

Londres s'y résout quand on apprend que le Luxembourg a été envahi par des troupes allemandes et que la Belgique va l'être à son tour.

« Le port d'Anvers, a-t-on coutume de dire à Londres, est un pistolet chargé qui vise le cœur de l'Angleterre. »

Il n'est alors pas question de tolérer sans agir militairement l'invasion de la Belgique par les troupes allemandes.

Le roi des Belges, Albert Ier, rejette l'ultimatum allemand qui assure que « les troupes françaises auraient l'intention de marcher vers la Meuse par Givet et Namur, dans le but de marcher vers l'Allemagne et le territoire belge ».

Prétexte qui ne trompe personne.

Albert Ier répond :

« Aucun intérêt stratégique ne justifie la violation du droit... Le gouvernement belge est fermement décidé à repousser par tous les moyens en son pouvoir toute atteinte à son droit. »

C'est donc la guerre, la mise en œuvre du plan Schlieffen.

Le lundi 3 août 1914, à 18 h 45, von Schoen remet à Viviani la déclaration de guerre de l'Allemagne à la France.

« Les autorités administratives et militaires allemandes ont constaté un certain nombre d'actes d'hostilité nettement caractérisés commis par des aviateurs français sur le territoire allemand.

« Plusieurs de ces derniers ont manifestement violé la neutralité de la Belgique en survolant le territoire de ce pays. L'un d'eux a essayé de détruire des constructions près de Wesel, d'autres ont été aperçus au-dessus de la région de l'Eifel, un autre a jeté des bombes sur les voies ferrées de Karlsruhe et de Nuremberg. »

Aucune de ces affirmations n'est exacte.

L'ambassadeur anglais à Berlin demande à être reçu par le chancelier Bethmann-Hollweg et lui signifie l'ultimatum anglais : « Si dans les vingt-quatre heures l'Allemagne n'a pas renoncé à envahir la Belgique, l'Empire britannique jettera son épée dans la balance. »

Les Anglais rappellent qu'un traité signé en 1839 stipule que l'Angleterre se portera au secours de la Belgique si elle était attaquée.

Le chancelier allemand s'étonne qu'on puisse accorder tant d'importance à un « chiffon de papier ».

Autre déception allemande : l'Italie estime que l'agression commise par l'Allemagne contre la Belgique la dégage de ses obligations d'alliée et la conduit à choisir la neutralité.

Mais Berlin ne recule pas.

Méthodiquement, il met en œuvre le plan Schlieffen.

Dans la nuit du samedi 1er août au dimanche 2 août, l'Allemagne a déclaré la guerre à la Russie. Ainsi la guerre en quelques heures lacère toute l'Europe.

Avant même que la déclaration de guerre à la France ait été notifiée par von Schoen, des patrouilles de uhlans – cavalerie – ont pénétré en France, atteignant le village de Jonchère, dans le Territoire de Belfort.

Les échanges de tir ont lieu entre les uhlans et les soldats français.

Le sous-lieutenant Camille Mayer, commandant le détachement allemand, et le caporal Jules-André Peugeot, à la tête de sa section de fantassins français, sont tués. Ni vainqueur ni vaincu dans ce premier engagement !

Deux hommes morts, les premiers, un dans chaque camp, annonçant dix millions d'autres.

Qui a conscience en ce début d'août du massacre qui commence ?

Jacques Bainville, jeune essayiste et historien, proche de Maurras, note le lundi 3 août dans son *Journal* :

« La vie est suspendue au télégraphe… l'ultimatum à la Belgique est un coup de tonnerre : l'Allemagne veut donc exécuter cette invasion par le nord tant de fois prédite, annoncée par ses propres stratèges et à laquelle peut-être en France, malgré tant d'avertissements, on n'aura pas assez cru…

« Le propos de cette guerre, c'est qu'elle sera soutenue du côté anglais et français par des gouvernements non seulement pacifiques mais pacifistes, c'est-à-dire doctrinalement persuadés que la phase guerrière était close dans l'histoire de l'humanité. Du côté ennemi, c'est un État militaire dont toutes les forces sont tendues vers la préparation de la guerre. »

Et cependant des jeunes gens parcourent à Paris les Grands Boulevards, criant « À Berlin ! », entonnant *La Marseillaise.*

« Celui qui n'a pas vu Paris aujourd'hui n'a rien vu », écrit Charles Péguy qui a demandé à être enrôlé comme sous-lieutenant dans une unité d'infanterie.

Bainville se laisse moins porter par l'enthousiasme.

« L'illusion générale est que tout sera fini dans deux mois, trois au plus, écrit-il. On se donne rendez-vous pour la fin octobre au plus tard. Les officiers – tel G. avec qui j'ai déjeuné dimanche 2 août et bu à la victoire – sont convaincus qu'ils partent pour une campagne d'été. Les chefs ont prévenu que le commencement serait dur, qu'il faudrait reculer d'abord mais qu'après dix ou quinze jours nous reprendrions la marche en avant. Dans le public, chacun s'attend à la prise de Nancy dans les premiers jours de la campagne et nul n'en sera ému...

« Croire à la brièveté de la guerre, c'est peut-être encore une façon de ne pas croire à la guerre, une autre forme d'une incrédulité presque universellement répandue en France et qui, devant le fait accompli, s'attache à une dernière espérance... »

Espère-t-on vraiment ?

Gide rentré à Paris écrit le dimanche 2 août :

« L'air est plein d'une angoisse abominable. Fantastique aspect de Paris, les rues, vides de voitures, pleines d'un peuple bizarre, à la fois surtendu et calme ; des gens attendent sur la chaussée avec des malles ; quelques braillards aux portes des cabarets gueulent

La Marseillaise. Par instants, une auto chargée de colis passe à toute vitesse. »

André Gide.

Gide songe à s'engager dans la Croix-Rouge.

« La direction centrale est au 21, rue François-Ier. Une animation extraordinaire, des dames de toutes les classes de la société mais principalement de la haute inscrivent sur des registres les offres des bonnes volontés… »

Quelques rues plus loin, c'est la violence.

Des groupes s'en prennent aux magasins dont l'enseigne semble évoquer l'Allemagne ou l'un de ses alliés.

« J'assiste au sac d'une laiterie Maggi, raconte Gide. J'arrive un peu tard, le magasin est déjà vide ; deux grands gaillards, avec la demi-approbation des agents, achèvent de briser les glaces de la devanture à coups d'une sorte de râteau de bois. L'un d'eux est monté sur le manteau de l'étalage, il tient une grosse cafetière de terre brune, qu'il montre à la foule, puis jette sur la chaussée où elle se brise avec fracas. On applaudit beaucoup.

« Ce matin, des voyous profitaient du défaut de police pour démantibuler un petit appareil de pesage automatique et le dépouiller de sa recette de gros sous.

« On reste à peu près sans nouvelles. Ceci pourtant qui paraît monstrueux, stupéfiant, incroyable : M. de Schoen est encore à Paris ! »

Gide s'arrête devant un kiosque.

L'Humanité, sous une photographie de Jaurès, titre en lettres capitales :

« En présence de l'agression, les socialistes rempliront tout leur devoir, pour la Patrie, pour la République, et pour *L'Internationale*. »

Ce lundi 3 août 1914, Gustave Hervé, directeur de *La Guerre sociale*, écrit au ministre de la Guerre, Messimy :

« Je vous prie de m'incorporer par faveur spéciale dans le premier régiment qui partira. Après m'avoir chassé de l'université, rayé du barreau, condamné à plus de onze ans de prison sous prétexte que je manquais de patriotisme... vous estimerez, j'en suis sûr, avec moi que la République me doit cette éclatante réparation.

« Vive la France ! – tout court. »

LIVRE III

4 AOÛT-31 DÉCEMBRE 1914

CINQUIÈME PARTIE

AOÛT 1914

20.

« Vive la France ! »

Ces mots qui valent vœu et serment, on les entend le mardi 4 août, premier jour de la guerre, aux obsèques de Jean Jaurès.

Plus de 100 000 personnes sont rassemblées non loin du domicile du tribun socialiste, au coin de l'avenue Henri-Martin et de la rue de la Pompe.

Il y a là, entourant le catafalque, le président du Conseil René Viviani, et les présidents de la Chambre des députés et du Sénat, des ouvriers, des ministres, le secrétaire général de la CGT, Léon Jouhaux.

On le sait anarchiste, mais c'est l'union des Français et la République qu'il exalte, accusant les empereurs d'Autriche-Hongrie et d'Allemagne.

« Nous prenons l'engagement de sonner le glas de votre règne », scande-t-il.

Devant les députés, c'est le président de l'Assemblée Paul Deschanel qui prononce l'éloge funèbre de Jaurès, « assassiné par un dément ».

Il loue le « cœur généreux de Jaurès tout entier dévoué à la justice sociale et à la fraternité humaine... Ses adversaires sont atteints comme ses amis... Mais que dis-je ? Y a-t-il encore des adversaires ? Non, il n'y a plus que des Français qui depuis quarante-quatre ans (depuis 1870) ont fait à la cause de la Paix tous les sacrifices et qui aujourd'hui sont prêts à tous les sacrifices pour la plus sainte des causes : le salut de la civilisation, la liberté de la France et de l'Europe. Du cercueil de l'homme qui a péri sort une pensée d'union ; de ses lèvres glacées sort un cri d'espérance. »

Les députés qui ont écouté, debout, l'éloge funèbre, saluent par de longs applaudissements et votent à main levée, unanimes, l'affichage du discours.

On apprend que von Schoen, dans la nuit, a quitté Paris, avec le personnel de l'ambassade d'Allemagne, 90 personnes ! On s'indigne, mais ce n'est ni le ressentiment ni la colère qui s'expriment.

« La circulation très ralentie, l'absence des autobus, la rareté des auto-taxis rendent les rues presque silencieuses, note l'historien Marc Bloch. La tristesse qui est au fond de tous les cœurs ne s'étale pas ; seulement, beaucoup de femmes ont les yeux gonflés et rouges. Les armées nationales ont fait de la guerre un ferment démocratique. Il n'y a plus à Paris que deux classes sociales : l'une composée de ceux qui partent, c'est la noblesse ; l'autre de ceux qui, ne partant point, ne semblent connaître pour l'instant d'autre obligation que de choyer les soldats de demain... Les hommes pour la plupart ne sont pas gais, ils sont résolus, ce qui vaut mieux. »

André Gide, qui va d'un quartier à l'autre, constate, lui, que « le peuple est admirable d'enthousiasme, de calme et de résolution ». Parfois, l'un de ses proches s'écrie : « C'est la barbarie ! Le Moyen Âge ! À quoi sert ce que nous avons fait ! »

On lui rapporte les propos de Charles Péguy qui attend sa feuille de route.

« Il y a des gens qui sont extraordinaires, dit Péguy. Ils s'étonnent de ne plus trouver les gens et les choses aux places accoutumées. Ils s'imaginent qu'ils vont pouvoir superposer l'état de guerre à l'état de paix ; et puis ils s'étonnent que ça ne coïncide pas, que ça ne rentre pas dans les petits trous. »

Pour l'heure, le patriotisme, la confiance, la volonté d'union l'emportent.

« Tout ce qui n'est pas mobilisé, note Bainville, cherche à s'engager, à se rendre utile pour la durée de la guerre. Qui n'est pas soldat a le sentiment d'une diminution, d'une sorte de honte. Du reste, il n'y a rien à faire pour le moment. Aux plus impatients, on offre de renforcer la police de la banlieue. Il faut laisser la mobilisation se faire sans trouble. Elle s'annonce bien et le déchet (insoumis, déserteurs) est inférieur à toutes les prévisions : 6 % au lieu de 20 % régulièrement prévus, annonce-t-on. Les hommes ne manquent pas. »

Ils sont d'autant plus résolus à défendre la patrie que, dans l'après-midi du mardi 4 août 1914, leurs représentants politiques, députés et sénateurs, convoqués pour une session extraordinaire, manifestent une unanimité exceptionnelle dans l'histoire nationale.

Quand le président de la Chambre des députés ouvre la séance, presque tous les élus sont présents.

Certains ont déjà revêtu leur uniforme et, le règlement interdisant d'entrer en tenue dans l'hémicycle, ils gagnent les tribunes publiques et des applaudissements spontanés de leurs collègues les saluent.

L'émotion est à son comble. On se donne l'accolade, on écoute, recueilli, le message adressé aux députés et sénateurs par le président de la République. Il sera lu par Viviani, le président du Conseil.

Viviani paraît épuisé.

On dit de lui que les événements, la tension nerveuse l'ont transformé en une « loque ». Mais dès qu'il parle, il renaît, et sa voix chaude, vibrante, emporte l'adhésion. De longs applaudissements l'interrompent souvent.

« La France vient d'être l'objet d'une agression brutale et préméditée, qui est un insolent défi au droit des gens, lance-t-il.

« Avant qu'une déclaration de guerre nous eût été adressée, avant même que l'ambassadeur d'Allemagne eût demandé ses passeports, notre territoire a été violé.

« L'Empire d'Allemagne n'a fait, hier soir, que donner tardivement le nom véritable à un état de fait qu'il avait déjà créé.

« Depuis plus de quarante ans, les Français, dans un sincère amour de la paix, ont refoulé, au fond de leur cœur, le désir des aspirations légitimes.

« Ils ont donné au monde l'exemple d'une grande nation qui, définitivement relevée de la défaite par la volonté, la patience et le travail, n'a usé de sa force renouvelée et rajeunie que dans l'intérêt du progrès et pour le bien de l'humanité.

« Depuis que l'ultimatum de l'Autriche a ouvert une crise menaçante pour l'Europe entière, la France s'est attachée à poursuivre et à recommander partout une politique de prudence, de sagesse et de modération.

« On ne peut lui imputer aucun acte, aucun geste, aucun mot, qui n'ait été pacifique et conciliant.

« À l'heure des premiers combats, elle a le droit de se rendre solennellement cette justice qu'elle a faite jusqu'au dernier moment, des efforts suprêmes pour conjurer la guerre qui vient d'éclater et dont l'Empire d'Allemagne supportera, devant l'Histoire, l'écrasante responsabilité. »

Une ovation accompagne les propos de Viviani et désormais chaque phrase est ponctuée par des acclamations.

« Au lendemain même du jour où, nos alliés et nous, nous exprimions publiquement l'espérance de voir se poursuivre pacifiquement les négociations engagées sous les auspices du cabinet de Londres, reprend Viviani, l'Allemagne a déclaré subitement la guerre à la Russie, elle a envahi le territoire du Luxembourg, elle a outrageusement insulté la noble nation belge, notre voisine et notre amie, et elle a essayé de nous surprendre traîtreusement en pleine conversation diplomatique.

« Mais la France veillait. Aussi attentive que pacifique, elle s'était préparée ; et nos ennemis vont rencontrer sur leur chemin nos vaillantes troupes de couverture qui sont à leurs postes et à l'abri desquelles s'achèvera méthodiquement la mobilisation de toutes nos forces nationales. Notre belle et courageuse armée, que la France accompagne aujourd'hui de sa pensée maternelle, s'est levée, toute frémissante, pour défendre l'honneur du drapeau et le sol de la patrie...

« Dans la guerre qui s'engage, la France aura pour elle le droit dont les peuples non plus que les individus ne sauraient impunément méconnaître l'éternelle puissance morale.

« Elle sera héroïquement défendue par tous ses fils, dont rien ne brisera devant l'ennemi l'*union sacrée*, et qui sont, aujourd'hui, fraternellement assemblés dans une même indignation contre l'agresseur, et dans une même foi patriotique.

« Elle est fidèlement secondée par la Russie, son alliée ; elle est soutenue par la loyale amitié de l'Angleterre.

« Et déjà, de tous les points du monde civilisé, viennent à elle les sympathies et les vœux.

« Car elle représente aujourd'hui, une fois de plus, devant l'univers, la liberté, la justice et la raison.

« Haut les cœurs et vive la France ! »

Union sacrée. Poincaré a trouvé les mots qui expriment la volonté à la fois des hommes politiques et des citoyens. Les oppositions entre Français ne sont plus de mise.

Mais Jacques Bainville, l'œil acéré, sceptique, note dans son *Journal* :

« La bourgeoisie admire Gustave Hervé, que l'assassinat de Jaurès, disent les mauvaises langues, a rendu patriote... Albert de Mun pleure d'attendrissement sur le patriotisme de la Chambre. Il appelle la journée parlementaire de mardi, le "jour sacré". Quand on connaît la coulisse, il faut en rabattre. Hier, à la réunion du syndicat de la presse parisienne, Clemenceau ne veut déjà plus admettre que l'autorité militaire contrôle les épreuves des journaux, établisse une censure de salut public.

« — Mais c'est la loi que nous avons votée au Sénat, lui a-t-on objecté.

« — Cette loi que j'ai votée, je jure d'être le premier à lui désobéir, a répondu Clemenceau qui veut pouvoir continuer à faire de l'opposition, à renverser des ministères.

« A-t-on cru sérieusement que la France guérirait en quarante-huit heures de son anarchie ? »

Mais ce mardi 4 août 1914, cette lucidité aigre, ce réalisme hautain se heurtent à ce désir d'*union sacrée*, qu'exprime devant la tombe de Jaurès le syndicaliste Léon Jouhaux quand il déclare :

« Acculés à la lutte, nous nous levons pour repousser l'envahisseur. »

Il s'agit de défendre la République et ses libertés contre les empires.

Maurice Barrès, président de la Ligue des patriotes, à l'autre extrémité de l'échiquier politique, invoque à son tour l'*union sacrée* :

« Devant la tombe ouverte comme devant la frontière violée il n'est plus question de politique qui divise. »

Et l'archevêque de Paris, le cardinal Amette, dans une lettre au clergé et aux fidèles, invite les catholiques à prier pour la France :

« En face du danger qui menace le pays, toute division cesse parmi ses fils. Tous se lèvent dans un mouvement unanime de fidélité au devoir et de dévouement à la patrie. »

Finis les affrontements entre catholiques et anticléricaux. « Les curés sac au dos » pour défendre la France… fût-elle celle laïque de la séparation de l'Église et de l'État.

Après le message de Poincaré, les députés par un vote unanime approuvent la déclaration du gouvernement présentée par Viviani.

« Nul ne peut croire de bonne foi que nous sommes les agresseurs, déclare le président du Conseil… Ce qu'on attaque, ce sont les libertés de l'Europe dont la France, ses alliés et ses amis, sont fiers d'être les défenseurs… »

On acclame Viviani qui martèle : « Nous avons été sans reproche, nous serons sans peur… »

Le président de la Chambre des députés, Paul Deschanel, avant de clore la séance, salue les députés qui vont rejoindre l'armée pour repousser « une agression monstrueuse ».

Puis il lance :

« Vive la France, notre mère ! Vive la République ! »

On l'acclame.

À Berlin aussi, on se rassemble pour défendre la patrie allemande.

Les députés unanimes votent les crédits militaires, même si une poignée d'entre eux – socialistes extrêmes comme Karl Liebknecht – ont, au cours des réunions de leur parti, marqué leur opposition à la politique impériale.

Ce mardi 4 août 1914, l'Allemagne a déclaré la guerre à la Belgique et commencé de l'envahir. Et les troupes allemandes ont occupé le Luxembourg.

Mécaniquement, ces « invasions » entraînent l'entrée en guerre de la Grande-Bretagne, qui, jusqu'au bout, a tenté de résoudre la crise par les voies d'une conférence internationale.

Le ministre des Affaires étrangères allemand – von Jagow – a plaidé sa cause, essayant de convaincre l'Angleterre de rester en dehors du conflit.

« Il nous fallait pénétrer en France par la voie la plus rapide et la plus facile, explique-t-il, de manière à prendre une bonne avance, et frapper ainsi un coup décisif. C'est pour l'Allemagne une question de vie ou de mort. »

Le ministre allemand rappelle qu'un étau franco-russe veut écraser l'Allemagne.

« Agir avec rapidité est le maître atout de l'Allemagne. Celui de la Russie est d'avoir d'inépuisables ressources en soldats. »

Mais pour l'Angleterre, c'est aussi une question de vie ou de mort que de respecter ses engagements sur la neutralité belge.

En s'adressant aux députés allemands, Guillaume II rappelle les efforts qu'il a déployés en faveur de la paix.

« Le cœur lourd, j'ai dû mobiliser contre un voisin, cette Russie aux côtés de laquelle nous avons combattu sur tant de champs de bataille... Les documents qui vous ont été présentés montrent comment mon gouvernement et en particulier mon chancelier ont tout tenté jusqu'au dernier moment pour éviter le pire. Nous tirons l'épée dans un esprit de légitime défense, la conscience claire et les mains propres... Je ne connais plus de partis, je ne connais que des Allemands. »

Mais Guillaume II craint l'isolement de l'Allemagne. L'Italie choisit la neutralité. La Grande-Bretagne, ce mardi 4 août à 23 heures, signifie qu'elle est en état de guerre avec l'Allemagne.

« Nos alliés tombent comme des pommes pourries, que d'ennemis ! » s'exclame Guillaume II.

Lui revient à l'esprit ce mot de Luther :

« Il y a des heures où Dieu se lasse de la partie et jette les cartes sur la table ! »

La guerre européenne, ce soir du mardi 4 août 1914, est donc engagée.

Un jeune sous-lieutenant français, Allard-Méeus, s'imagine qu'il va :

« Le sabre au poing avec du chic et de l'audace
Reprendre en galopant la Lorraine et l'Alsace.
[...]
Puis voir enfin danser, nous en montrant fort aises
Les femmes de Berlin sur des valses françaises... »

En fait, cette guerre européenne ne sera pas qu'une guerre civile, cruelle mais classique.

Elle est d'emblée une guerre mondiale puisque l'Europe a colonisé le monde.

Le croiseur allemand *Emden*, ce mardi 4 août 1914, a quitté sa base chinoise de Tsing-tao et s'est emparé du vapeur russe *Rezan*.

En Méditerranée, deux croiseurs allemands, le *Goeben* et le *Breslau*, bombardent les villes de Bône et de Philippeville en Algérie.

À Berlin, l'ambassadeur de Grande-Bretagne demande ses passeports.

En même temps, Winston Churchill, premier lord de l'Amirauté, fait expédier un télégramme à tous les bâtiments de la Royal Navy se trouvant en n'importe quel point du globe.

« Commencez les hostilités contre l'Allemagne. »

21.

Nach Paris !

Les soldats allemands ont inscrit à la craie sur les wagons qui roulent vers l'ouest et dans lesquels ils s'entassent, franchissant les frontières du Luxembourg et de la Belgique, ces deux mots : leur objectif, « *nach Paris !* ».

Paris doit tomber et la France capituler selon le plan Schlieffen-von Moltke qui se déploie.

D'abord la Belgique.

Les fantassins en feldgrau[1] s'élancent, épaule contre épaule, pour prendre d'assaut les forts de Liège. Ils crient : « *Nach Paris !* »

Mais les mitrailleuses belges les cisaillent ! Et Liège ne sera prise que lorsque les Allemands auront utilisé les canons lourds – 420 mm – autrichiens, ces *Bertha* seront seuls capables de briser les murs des forts de plusieurs mètres d'épaisseur.

Liège est prise le 7 août.

Il a suffi de deux heures pour qu'on découvre que cette guerre sera une insatiable dévoreuse d'hommes !

1. Uniforme allemand couleur vert-brun.

Des milliers d'Allemands sont tombés devant les forts de Liège.

Durant ces mêmes premiers jours, les fantassins français, qui portent comme pour attirer la mort ce pantalon d'uniforme... rouge, ont été eux aussi décimés par les mitrailleuses, l'artillerie.

« Les balles ruissellent, écrit l'un de ces soldats. C'est un vacarme infernal. À chaque balle qui claque, je pense : "Celle-là est pour moi..."

« Un clairon debout sonne la charge à pleins poumons.

« Y a la goutte à boire là-haut !

« Y a la goutte à boire !

« Puis s'abat. Les rangs s'éclaircissent...

« Nos pertes sont très élevées. Le lieutenant-colonel, notre chef de bataillon, et les trois quarts des officiers sont hors de combat... On s'aborde avec des mines douloureuses. On parle à voix basse. Le régiment semble en deuil. »

Le commandant avait crié : « Baïonnette au canon ! »

« On va y aller à la fourchette, faut avoir vu ça ! » ont répondu les fantassins.

Le résultat, c'est l'hécatombe.

Un jeune sous-lieutenant du 33e régiment d'infanterie, Charles de Gaulle, dont le colonel était Philippe Pétain – l'un des rares officiers à mettre en doute les vertus de l'offensive baïonnette au canon –, blessé le 15 août devant le pont de Dinant, écrit dans ses carnets :

« Calme affecté des officiers qui se font tuer debout ; baïonnettes plantées aux fusils, par quelques sections obstinées ; clairons qui sonnent la charge ; dons suprêmes d'isolés héroïques... Rien n'y fait. En un clin d'œil il apparaît que toute la vertu du monde ne prévaut point contre le feu. »

Joseph Joffre.

Dès le 7 août, l'armée française a lancé une offensive en Alsace, à partir de Belfort. Elle prend Altkirch, le 7 août, Mulhouse le 8.

Le généralissime Joffre adresse aussitôt une proclamation aux Alsaciens :

« Enfants de l'Alsace, après quarante-quatre années d'une douloureuse attente, des soldats français foulent à nouveau le sol de votre noble pays. Ils sont les premiers ouvriers de la grande œuvre de la Revanche. »

Il ajoute dans un communiqué :

« Devant nos charges à la baïonnette, les Allemands se sont enfuis à toutes jambes. Le mordant de nos troupes a été prodigieux ! »

C'est l'euphorie : enfin la Revanche. Les journaux titrent sur la libération prochaine et totale de l'Alsace et de la Lorraine.

Le président de la République a reçu, dès le 5 août, en compagnie des principaux ministres, les directeurs des quotidiens parisiens.

Il les félicite de leur « attitude patriotique et de la si haute compréhension qu'ils ont de leur tâche ».

Et le comportement des Parisiens montre qu'ils partagent ce qui au fil des jours devient propagande.

Quand, le 7 août, le 31e régiment d'infanterie quitte sa caserne des Tourelles et défile sur les boulevards extérieurs, la foule l'acclame. La fanfare joue *Sambre et Meuse*, et *Le Chant du départ*, les femmes jettent des fleurs à la volée ; on les pique au bout du fusil.

On scande : « À Berlin... À bas les Pruscos... Rapportez la moustache à Guillaume ! »

À Berlin, les troupes qui scandent en défilant « *nach Paris !* » sont acclamées.

À Paris, les journaux dénoncent la sauvagerie de l'ennemi.

« Les troupes prussiennes ont tiré sur les civières d'ambulance, peut-on lire. Ainsi donc les blessés qui devraient d'après les lois de la guerre être protégés par l'ennemi lui-même sont achevés à bout portant. C'est bien la cause de la civilisation que nous défendons contre la barbarie. »

André Gide dînant chez des amis rapporte que, « féroce, l'un des convives » se déclare « résolu à tuer tout ce qu'il rencontrera devant lui, l'Allemand, aussi bien femmes et enfants que soldats... Il n'admet pas qu'on puisse parler d'autre chose que de la guerre ».

Gide est mal à l'aise, mais l'enthousiasme, l'attitude des Parisiens l'emportent.

Il écrit les 5 et 6 août :

« L'entente, l'ordre, le calme et la résolution de tous les esprits est admirable... L'idée d'un écrasement possible de l'Allemagne s'enhardit peu à peu ; on s'en défend ; on ne se persuade pas que ce n'est pas possible.

« L'admirable tenue du gouvernement, de chacun et de toute la France, aussi bien que de tous les peuples voisins, permet de tout espérer.

« On entrevoit le commencement d'une ère nouvelle : les États-Unis d'Europe liés par un traité limitant leurs armements : l'Allemagne réduite ou dissoute ; Trieste rendu aux Italiens, le Schleswig au Danemark ; et surtout l'Alsace à la France. Chacun parle de ce remaniement de la carte, comme du numéro suivant d'un feuilleton. »

Mais heure après heure, le climat change, l'incertitude succède à l'euphorie.

Les blessés arrivent. Des hôpitaux sont créés dans des bâtiments réquisitionnés, des hôtels et même une partie du lycée Louis-le-Grand.

On s'inquiète : *Le Journal des débats* écrit le 10 août que « la guerre peut être longue... aucune vraie bataille n'est encore engagée, aucune ne le sera d'ici quelques jours… Il peut donc y avoir des résultats dans les derniers jours du mois… ».

Puis on se rassure à la lecture d'autres journaux.

On y lit que « les Allemands manquent de vivres et se rendent pour obtenir des aliments », que « nombre de Bavarois désertent, refusant de combattre la pacifique Belgique et sa populaire reine ».

Henri Bergson.

Le texte que le philosophe Henri Bergson de l'Académie des sciences morales et politiques écrit le 8 août est publié en première page des quotidiens.

« La lutte engagée contre l'Allemagne est la lutte même de la civilisation contre la barbarie, écrit Bergson. Tout le monde le sent, mais notre Académie a peut-être une autorité particulière pour le dire. Vouée en grande partie à l'étude des questions psychologiques, morales et sociales, elle accomplit un simple devoir scientifique en signalant dans la brutalité et le cynisme de l'Allemagne, dans son mépris de toute justice et de toute vérité, une régression à l'état sauvage.

« Nous savons, nous avons appris par la philosophie et par l'Histoire, quelle force les peuples puisent dans la conscience de leur droit. C'est pourquoi nous sommes sans crainte. Avec une inébranlable confiance, nous irons jusqu'au bout de la lutte. »

Dans sa prison, Raoul Villain, l'assassin de Jaurès, lit les journaux. Ces articles, le texte de Bergson, qui décrivent la « régression à l'état sauvage » de l'Allemagne, lui paraissent justifier son acte.

Le 10 août, il écrit à son frère :

« Si tu étais fantassin, tu verrais ce qu'est un drapeau pris et pour ceux qui l'ont pris et pour ceux qui ne l'ont plus. J'ai donc abattu le grand porte-drapeau, le grand maître de l'époque de la loi des Trois Ans, la grande gueule qui couvrait tous les appels de l'Alsace-Lorraine, je l'ai puni et c'était un symbole de l'heure nouvelle et pour les Français et pour l'étranger… C'est donc en toute satisfaction de conscience que je vivrais si je n'avais le regret de n'avoir pénétré le premier sur la terre d'Alsace… »

22.

Les troupes françaises entrent à Altkirch et à Mulhouse le 8 août et la France entière vibre. L'humiliation de 1870 s'efface.

Les journaux assurent que les « Prussiens » fuient à toutes jambes. Les soldats du corps d'armée Bonneau, en pantalon rouge, ont fixé *Rosalie* – la baïonnette – au canon de leur fusil, et cette *fourchette* a terrorisé les « Pruscos ».

« Voilà quarante-quatre ans que nous leur montrons le derrière. Nous allons maintenant leur montrer la figure; et ils s'en souviendront », peut-on lire dans les journaux.

Mais l'encre des articles claironnants est à peine sèche qu'on comprend que les Allemands, dès le 9 août, ont repris Mulhouse et que les Français se sont repliés sur Belfort.

« Ce soir, note Gide, les journaux expliquent ce recul. Il semble n'avoir rien d'alarmant. Mais on fait prévoir pour un jour très prochain une bataille qui s'annonce formidable. »

En fait, les combats décisifs se déroulent durant ces jours d'août en Belgique, à Verdun.

C'est là que la « faux » allemande taille à grands coups dans les troupes belges et françaises, les forçant à se replier alors que les Allemands appliquant le plan Schlieffen-Moltke avancent vers Paris.

Mais l'état-major français n'a d'yeux que pour l'Alsace et la Lorraine. Une victoire qui rendrait ces provinces perdues serait le symbole de la renaissance française. Août 1914 ferait oublier septembre 1870.

On va donc mener une offensive beaucoup plus importante sous les ordres d'un nouveau chef, le général Pau.

Cinq divisions d'infanterie, une de cavalerie et cinq groupes de chasseurs alpins se rassemblent, rentrent en Alsace, et le 19 août prennent Mulhouse, Morhange, Altkirch, Guebwiller, avancent en direction de Colmar.

Les journaux à nouveau claironnent, « exagèrent à qui mieux mieux l'importance des faits, analyse Gide. Capture d'un drapeau bavarois ? Une grande foule se presse dans la cour du ministère, on ne manifeste point car on ne sait dans quel sens et s'il faut applaudir ou conspuer... ».

Mais à lire avec attention les journaux, on décèle les « oublis » – imposés par la censure –, le « bourrage de crâne ».

« On apprend qu'Altkirch a été repris, ce qui laisse entendre qu'on avait dû un moment céder la place », note Gide.

Mais on ne résiste pas à la passion de savoir.

« On achète huit journaux par jour, *Le Matin* et *L'Écho*, puis *Le Figaro*, le *Daily Mail*, *L'Information*, *Le Matin du Soir*, *La Liberté* et *Le Temps*.

« Les éditions spéciales des journaux paraissent à toute heure du jour, entretiennent la fièvre du public.

« Et comme les communiqués officiels seuls sont autorisés, tous les journaux disent exactement la même chose, nous nous promettons de résister à leur sollicitation et de boycotter les feuilles du milieu du jour. »

D'autant plus, ajoute Gide, qu'il y a « un poncif nouveau, une psychologie conventionnelle du patriote, hors quoi il ne sera plus possible d'être un "honnête homme". Le ton qu'ont pris les journalistes pour parler de l'Allemagne est à soulever le cœur. Tous emboîtent le pas et donnent leur mesure. Chacun a peur de rester en retard, d'avoir l'air moins "bon Français" que les autres ».

Au vrai, en ce mois d'août 1914, la presse et l'opinion communient dans la même détestation du Prussien, de l'Allemand, des Pruscos, du « Boche[1] », de l'agresseur. On saccage les boutiques dont le propriétaire est soupçonné d'être un Allemand.

On voit même des cortèges d'ouvriers qui brandissent des drapeaux rouges, et chantent sur l'air de *L'Internationale* des paroles guerrières.

« Et maintenant tous à l'ouvrage
Amis on ne meurt qu'une fois
Si nous faisons le grand voyage
Qu'importe si Guillaume n'est plus roi
Car notre rêve magnifique
C'est d'aller là-bas à Berlin

1. *Caboche* : tête de bois. On a d'abord dit *Alboche* : allemand tête de bois, puis *Boche*.

Pour y fonder la République
Et délivrer le genre humain
C'est la guerre finale
Battons-nous et demain
L'Internationale
Sera le genre humain. »

C'est bien l'*union sacrée*, mais entre le socialiste qui associe le chant de *L'Internationale* à l'élan guerrier, et Barrès qui défend les valeurs traditionnelles – armée, patrie, religion – et oppose la France de Jeanne d'Arc à l'Allemagne des Huns, que de nuances !

Charles Péguy, qui rejoint le 276e régiment d'infanterie à Montereau, souhaite combattre avec les fantassins « aux pas lourds dans les labours ». Mais il n'oublie pas sa foi socialiste lorsqu'il dit :

« Nous sommes partis, soldats de la République, pour le désarmement général et la dernière guerre. »

Ce sont là des « chimères » selon Maurice Barrès.

Le président de la Ligue des patriotes croit d'abord au rapport de force.

L'état-major français est confiant.

« Magnifique armée », pense-t-il.

Au 15 août 1914, 3 700 000 Français sont mobilisés (3 800 000 Allemands), dont 800 000 soldats d'active et 2 900 000 réservistes et territoriaux qu'on pense affecter à des opérations secondaires et à la défense des forteresses.

Mais pour les généraux français, l'offensive est déterminante. Elle mettra en mouvement 84 divisions d'infanterie et 10 divisions de cavalerie, appuyées par 950 batteries de canons de 75.

L'on compte sur l'allant du fantassin et sur l'efficacité de son fusil, le *Lebel* qui peut tirer douze coups à la minute et que prolonge la baïonnette.

Et puis il y a les Alliés, l'immense réservoir d'hommes qu'est la Russie.

La Triple-Entente compte des populations deux fois plus nombreuses que celles de l'Autriche-Hongrie et de l'Allemagne.

On ne mesure pas, en ce 14 août, quand l'état-major déclenche une grande offensive en Lorraine, la faiblesse de l'artillerie française, et le fait que l'on ne dispose que de six mitrailleuses par régiment, là où les Allemands en possèdent le double.

Et que dire de ce « détail » – un crime ! –, les pantalons rouges qui transforment le fantassin français en cible dans les champs de blé.

Plus grave encore, la théorie selon laquelle « l'imprudence, c'est la meilleure des sûretés », qu'il faut « pousser l'esprit offensif jusqu'à l'excès », que « vaincre, c'est avancer ».

Joffre le généralissime n'écoute ni Pétain – colonel puis général – ni le général Lanrezac, partisans de la « défense offensive ».

Joffre veut renouveler le « coup d'Austerlitz » en passant à l'offensive en Lorraine et au nord de Verdun.

Ainsi l'on va précipiter dans le « feu » – mitrailleuses, obusiers, artillerie lourde allemande – des fantassins qui n'ont même pas de casque !

Le 14 août 1914, de Maubeuge à Sarrebourg, *la bataille des Frontières* met en jeu plus de deux millions d'hommes et se termine par un échec total.

En Alsace, les Français, après avoir pris, perdu, repris, reperdu Altkirch et Mulhouse, ne conservent plus que la petite ville de Thann.

En Lorraine, en Belgique, c'est la retraite. Des unités massacrées, des hommes qui se retrouvent seuls, cherchent leur régiment anéanti, et que les gendarmes arrêtent pour *désertion*, et qu'on fusille sans jugement.

De nombreuses unités ont perdu les trois quarts de leur effectif ! Les mitrailleuses allemandes, les tirs de mortiers, les shrapnels n'ont laissé aucune chance aux fantassins en pantalon rouge auxquels les officiers, chargeant à la tête de leurs hommes, avaient crié « Baïonnette au canon ! » en donnant l'ordre au clairon de sonner la charge.

Un officier miraculeusement indemne commente cette offensive brisée :

« Les états-majors en étaient restés au fusil à pompe ; ils pensaient couper l'armée allemande en deux... Les canons et les mitrailleuses ont flanqué tout ça cul par-dessus tête : un carnage !... Tout ce qu'il y avait de mieux dans l'armée française ! »

À Paris, rares sont ceux qui ont conscience de cette situation qui peut conduire à l'occupation de la capitale. La ville vit dans l'illusion et la confiance.

Les manchettes des journaux n'évoquent jamais les reculs qui caractérisent la bataille des frontières. Et seuls les lecteurs du *Journal de Genève* – lorsqu'il est distribué ! – ont connaissance des percées allemandes.

Les autres quotidiens saluent soit l'héroïsme des fantassins français, soit l'avance des Russes.

« Les Cosaques à cinq étapes de Berlin » ou « L'étau des Alliés se resserre », titre *Le Matin*.

Chaque jour, on annonce une « percée », une « avancée », une résistance héroïque.

Et, comme une évidence, quelques jours plus tard, au détour d'un communiqué, on apprend que les Allemands ont pris Bruxelles, Tournai, que les troupes françaises se sont « repliées » sur la Meuse.

Le général Gallieni note dans ses carnets :

« Les journaux et les communiqués officiels ont tort de tant insister sur les succès : ils sont trop souvent démentis le lendemain. »

Joseph Gallieni.

On n'a pas encore pris conscience de la menace, de la tragédie, de l'ampleur du massacre, cependant l'inquiétude commence à se répandre.

Pour un Jean Cocteau qui, vêtu presque en soldat..., trouve pour parler des boucheries de Mulhouse des épithètes amusantes, qui imite le son du clairon, le sifflement des shrapnels, Gide, qui « n'a pas eu de plaisir à le revoir », relève la misère des humbles, leur colère, leur sentiment d'abandon.

« On me dit, rapporte pour sa part Bainville, que le maire d'une grosse agglomération suburbaine de 50 000 habitants voit croître le danger tous les jours et s'attend à être fusillé ou plutôt écharpé si les femmes et les enfants, d'ici peu, ne reçoivent pas de nourriture. »

Or qui va faire la moisson puisque tous les hommes sont mobilisés ?

Les syndicats agricoles s'inquiètent, demandent au président du Conseil Viviani de prendre « toutes les mesures nécessaires pour hâter la récolte des céréales et organiser le battage... en ayant au besoin recours à la main-d'œuvre originaire d'Afrique du Nord ».

Mais Viviani répond, en lançant un appel aux femmes françaises :

« Je vous demande de maintenir l'activité des campagnes, de terminer les récoltes de l'année, de préparer celles de l'année prochaine. Vous ne pouvez rendre à la Patrie un plus grand service... Debout donc, femmes françaises, jeunes enfants, fils et filles de la Patrie ! Remplacez sur le champ du travail ceux qui sont sur le champ de bataille. »

La guerre est bien là ! Elle désorganise, affame. Elle blesse. Elle tue. Elle prend ses quartiers.

Sur une boutique d'ameublement du boulevard de Clichy, on lit en grosses lettres à la craie : « Je par<u>t</u> *(sic)* pour la guerre. Vive la France ! »

Jacques Bainville, qui note l'inscription, écrit :

« Ce mépris de l'orthographe et cet instinct de la syntaxe, c'est tout le Français. Le marchand de meubles du boulevard de Clichy se battra comme il écrit : pas tout à fait dans les règles, mais avec quel sentiment du combat. »

Faisant « un tour à travers Montmartre », Bainville constate « l'aspect sinistre des bastringues. La bohème galante a pris un aspect sordide. Dans les cafés, des filles hâves qui semblent n'avoir plus d'autre domicile pour être déjà là à l'heure où elles se couchent. La guerre a mortellement blessé le vice. On n'entend plus dire nulle part que les appelés aient passé en orgies leurs derniers jours ».

23.

Leurs derniers jours, des dizaines de milliers de jeunes hommes les ont vécus, de la Meuse à l'Alsace, de Dinant, de Charleroi à Verdun, des Ardennes aux Vosges.

On estime à 80 000 tués et peut-être à 100 000 blessés le nombre de soldats français tombés durant ce mois d'août.

40 000 morts du 20 au 23 août ! Qui pourrait concevoir un tel massacre ?

Et pour quel résultat ?

Où est le front ? Interrogation.

On imagine que les armées françaises sont entrées en Belgique, qu'elles ont arrêté l'ennemi.

Et tout à coup, le 24 août, le ministre de la Guerre reçoit un télégramme du généralissime Joffre.

Les ministres, le président de la République, tous les hommes politiques avaient confiance dans ce général bedonnant, dont rien ne venait troubler le sommeil, qui avalait de bon appétit quatre côtelettes ou une poularde et dont on louait le sang-froid et les succès en Alsace.

Poincaré envisageait même avec enthousiasme un voyage de tous les parlementaires français à Strasbourg et à Metz, les villes bientôt libérées.

Et puis ce télégramme de Joffre :

« Notre but doit être de durer le plus possible. Il faut durer, céder du terrain, manœuvrer plus en arrière en s'efforçant d'user l'ennemi. »

Joffre envisage de « couper en deux » – comme à Austerlitz – les armées ennemies.

C'est du sort de Paris qu'il est question !

L'état-major de Joffre diffuse un communiqué de quelques mots : *« Situation inchangée de la Somme aux Vosges. »*

Est-ce possible ? Ne faut-il pas lire « au sommet des Vosges » ?

On passe de l'euphorie et de l'illusion, des « Cosaques à cinq étapes de Berlin », au désarroi et à la panique.

Poincaré s'indigne :

« Aucun détail sur la retraite que j'ai apprise ce matin par la presse... Notre quartier général ne nous renseigne pas... *J'exige* qu'on me donne tous les jours des renseignements précis... Je ne sais rien, on ne me dit rien ! »

On situait le front en Belgique, on rêvait à une parade solennelle à Metz et à Strasbourg, et voici qu'on signalait des uhlans à Senlis.

Senlis ! On apercevait des patrouilles à quelques dizaines de kilomètres de Paris.

Les Allemands étaient aussi à Saint-Dié, à Lunéville. Cinq de leurs armées avançaient en Lorraine. Longwy et Montmédy avaient capitulé. Verdun – le verrou du dispositif français – était menacé.

On commençait à préparer le départ du gouvernement à Bordeaux !

La ville dont le nom évoquait le désastre de 1870.

Et que deviendrait Paris ?

Fallait-il pour éviter sa destruction déclarer la capitale « ville ouverte » ?

Les souvenirs du siège de Paris en 1871, de la famine, de la Commune, des incendies des Tuileries et de l'Hôtel de Ville, des barricades reviennent en mémoire.

On ne veut pas manger du rat !

On se précipite dans les gares, on fuit.

En huit jours, 500 000 Parisiens quittent la capitale !

« La journée du 25 août fut lugubre, note André Gide dans son *Journal*.

« Du haut de quel fol espoir on retombait. Les journaux avaient si bien fait que le peuple commençait à s'imaginer que notre armée n'aurait qu'à paraître pour mettre l'armée allemande en déroute. Et pour s'être repliée sur ces positions qui huit jours plus tôt paraissaient si bonnes, déjà l'on prédisait l'investissement prochain de Paris. Chacun quêtait un mot d'encouragement, d'espoir, car on n'était pas profondément démonté – plus exactement chacun se réveillait d'un rêve – et l'on regardait presque avec stupeur les images idiotes des cartes postales représentant la "famine à Berlin": un gros Prusco, assis en face d'une tinette, repêchant, à l'aide d'une grande fourchette plongée dans la lunette, des saucisses douteuses qu'il enfournait aussitôt; ou tel autre Allemand chiant de peur à la vue d'une baïonnette ; d'autres fichant le camp – où jamais sans doute la niaiserie, la malpropreté, la laideur de la bêtise populacière ne s'était révélée d'une manière plus compromettante et plus honteuse. »

En quelques heures, l'atmosphère à Paris change.

On ne croit plus ce qu'on lit dans les journaux.

Assez de « bourrage de crâne ».

Le 25 et le 26 août « commencent d'affluer à Paris ceux qui fuyaient les villages incendiés », indique Gide.

Ils racontent ce qu'ils ont vécu, ce que d'autres réfugiés leur ont dit.

« Ah ! les Russes ! Si vous croyez qu'on peut compter dessus ! Leurs officiers sont aussi pourris que leurs bureaucrates ! Croiriez-vous qu'ils vendaient aux officiers autrichiens le foin de leurs propres chevaux ! »

Si on les interroge, si on doute, ils haussent les épaules. Ils savent, répètent-ils, et à la fin on les croit.

« Un vieillard arrive presque fou qui répand autour de lui l'épouvante, rapporte Gide. "Nous ne sommes pas de force ! répète-t-il. Nous ne sommes pas de force ! Ces gens-là ne respectent rien."

« Il a fait à pied une route énorme, rampant, se cachant, traversant les lignes de feu, voyant partout autour de lui fumer les bourgs et les fermes. Surpris à quelques kilomètres du village dont il était bourgmestre, il n'a pu regagner son poste, séparé de sa famille, de son devoir, par une subite barrière de feu. »

C'est au Cirque d'Été qu'on campe ceux de Valenciennes.

Ils affirment que « nombre de ces petits enfants ont les mains tranchées, qu'on les a vus. D'autres ont les yeux crevés et d'autres des blessures abominables. La chose n'a jamais pu être vérifiée », précise Gide.

Mais on rassemble les témoignages en recueillant les aveux de certains prisonniers allemands. Comme pour se libérer d'un remords, ils racontent leurs crimes de guerre. Ils ont obéi aux ordres et il apparaît que plusieurs milliers de civils belges et français (6500 d'août à octobre 1914) ont été exécutés par les troupes allemandes et que des centaines de villages et même des villes ont été saccagés, incendiés par les armées de Guillaume II.

L'état-major allemand ne veut pas être retardé dans son avance en Belgique. La réussite du plan Schlieffen-Moltke dépend de la rapidité de la percée vers Paris et de la manœuvre qui va prendre dans une nasse les armées françaises, et contraindre la France à capituler.

Les généraux allemands – et les soldats – craignent les « francs-tireurs », et pour eux tout civil est un suspect.

Les ordres donnés sont clairs: exécuter les suspects, terroriser les populations afin qu'elles ne s'opposent pas – et ne retardent pas l'avance allemande.

Or il n'y a pas de francs-tireurs, mais on se convainc qu'ils existent.

Le kaiser écrit ainsi dans son journal:

« [...] la population belge [...] s'est comportée d'une façon diabolique, pour ne pas dire bestiale, pas d'un iota différemment que les Cosaques. Ils ont torturé les blessés, les ont frappés à mort, tué les médecins et le personnel médical, fait feu [...] en se dissimulant, sur des hommes se tenant sans défense dans la rue – en fait selon des signaux prévus à l'avance, guidés par des chefs [...].

Le roi des Belges a dû être prévenu tout de suite que puisque ses sujets s'étaient placés eux-mêmes en dehors des habitudes européennes – à partir de la frontière, dans tous les villages, et pas seulement à Liège – ils seraient traités en conséquence. Les conditions pour la Belgique deviendront immensément plus difficiles. »

Les accusations portées par le kaiser sont fausses.

Mais le 22 août, le général von Bülow, commandant la 2e armée allemande, fait afficher à Liège l'avis suivant :

« La population d'Andenne a attaqué nos troupes de la façon la plus traîtresse. Avec mon autorisation, le général qui commandait ces troupes a mis la ville en cendres et fait fusiller 110 personnes. Je porte ce fait à la connaissance de Liège pour que ses habitants sachent à quel sort ils peuvent s'attendre. »

Plus tard, à Cambrai, à Lille, dans de nombreuses autres villes et villages, des avis analogues sont placardés. Prêtres, enfants, femmes, vieillards, sont fusillés.

En France, le 20 août, à Nomeny (Meurthe-et-Moselle), la plupart des maisons sont brûlées, des dizaines d'habitants exécutés.

À Dinant, sur la Meuse, plusieurs centaines de personnes sont massacrées.

À Leffe, sur la frontière franco-belge, le 23 août, des fantassins allemands rencontrent une vive résistance. Les Français sont sur la rive ouest de la Meuse. Les Allemands considèrent que des « francs-tireurs » les ont pris pour cible. Le caporal Franz Stiebing raconte :

« Nous avons progressé maison par maison, sous un feu venant pratiquement de chaque bâtiment, et nous avons arrêté les hommes qui portaient presque tous des armes. Ils étaient sommairement exécutés dans la rue. Seuls les enfants de moins de quinze ans, les vieillards et les femmes étaient épargnés. Pendant cela, on nous tirait des collines voisines à cent cinquante ou deux cents mètres. Je n'ai pas vu si quelqu'un de mon bataillon a été tué ou blessé dans ce combat de rue. Mais j'ai vu les corps d'au moins 180 francs-tireurs – seuls les francs-tireurs étaient exécutés – dans les rues. Près d'une scierie, j'ai vu 30 ou 35 autres corps. On m'a dit plus tard que les francs-tireurs s'étaient rassemblés en masse dans la scierie. »

En fait, toute résistance à l'armée allemande est assimilée à l'action de « franc-tireur ».

On arrête les civils, on les force à crier « Vive l'Allemagne ! Vive le kaiser ! », puis on les fusille.

Le major von Loeben, commandant le peloton d'exécution, décrit les faits :

« On m'a dit qu'il y avait eu des coups de feu. Le quartier a été divisé en secteurs, et les compagnies ont recherché les francs-tireurs et les armes. La prison, elle aussi, a été fouillée, et les gardiens désarmés. Un certain nombre de revolvers et d'autres armes ont été découverts. Ma compagnie était installée derrière le mur d'un jardin près de la prison, et n'a donc pas souffert du tir des francs-tireurs. Mais on m'a dit que notre régiment a subi ce feu continuel ici et là en provenance des maisons. Finalement, le comte Kielmannsegg [le lieutenant-colonel commandant le 1er bataillon] a décidé de faire un exemple et m'a ordonné d'abattre un grand nombre d'hommes en âge de porter les armes.

« Les hommes ont été pris pour une part à la prison, pour une autre part en groupe. Je présume qu'il s'agissait des hommes qui avaient tiré ou agi d'une façon ou d'une autre hostilement envers nos troupes. Les gens étaient disposés sur plusieurs rangs le long du mur du jardin. Les femmes, les enfants et les vieillards en étaient exclus. Deux détachements, chacun sous les ordres d'un lieutenant (l'un d'eux était le lieutenant von Ehrenthal), ont procédé aux exécutions. J'ai eu des difficultés à séparer les femmes et les enfants. Une femme s'accrochait à son mari et voulait être exécutée avec lui. J'ai finalement décidé de la libérer et de laisser son mari partir avec elle. Un homme portait un enfant de 5 ans environ dans les bras qui n'était pas le sien, selon ses propres paroles. L'enfant lui a été pris et donné aux femmes. L'homme a été abattu avec le reste. Plusieurs salves ont été tirées. Je ne sais pas si certains ont été seulement blessés, car nous avons dû reprendre notre marche. Je sais avec certitude qu'aucune femme et qu'aucun enfant n'a été tué à cet endroit. Mais si des femmes et des enfants s'étaient cachés derrière le mur du jardin, il est très possible qu'ils aient été tués par des balles passant à travers. [...] J'ai dit qu'un de mes camarades, le capitaine Legler, avait été tué par un civil. J'ai probablement dit aussi qu'une jeune fille avait pris part au tir contre les troupes allemandes. C'est ce que des soldats m'ont dit.

« Signé sous serment. Loeben. »

Ainsi, dans ces derniers jours d'août 1914, il n'est plus possible de vivre dans l'illusion d'une guerre facile à gagner, sans massacres, sans horreurs, sans cruauté et injustice !

Les maires des petits villages viennent apporter aux familles la nouvelle de la disparition du mari ou de l'un des fils.

Ailleurs, ce sont les gendarmes qui sont chargés de transmettre la funeste nouvelle.

Le malheur est partout quand, dans la seule journée du samedi 22 août, 27 000 soldats français sont tués ! Et des dizaines de milliers d'autres blessés.

Et le deuil, le désespoir sont accompagnés de sinistres informations. Même dans les villages les plus reculés, on comprend ce que signifie ce communiqué officiel, déjà connu dans les grandes villes mais qui, le 29 août, atteint la profondeur rurale.

« La situation, de la Somme aux Vosges, est restée aujourd'hui ce qu'elle était hier. »

C'est donc bien la retraite générale de l'armée française vers Paris !

Et les articles écrits quelques jours auparavant et que l'on lisait et relisait, en voulant croire ce qu'ils rapportaient, paraissent une semaine plus tard, obscènes.

Le 17 août, *L'Intransigeant* publie les « informations » suivantes :

« L'inefficacité des projectiles ennemis est l'objet de toutes les conversations. Les shrapnels éclatent mollement et tombent en pluie offensive. Le tir est très mal réglé. Quant aux balles, elles ne sont pas dangereuses. Elles traversent les chairs de part en part sans faire aucune déchirure. »

27 000 morts français le samedi 22 août.

Les quelques succès remportés dans le département de l'Aisne – à Guise – par l'armée du général Lanrezac permettent – et c'est capital – d'éviter que la retraite ne se transforme en déroute.

L'armée recule sans se défaire.

Mais Paris est menacé.

Les uhlans du haut de leurs chevaux aperçoivent au loin la silhouette gracile de la tour Eiffel.

La panique s'empare de milliers de Parisiens qui envahissent les gares, se tassent dans les wagons qui roulent vers la Normandie ou le Sud-Ouest, dans lesquels ils côtoient des réfugiés des départements du Nord et des Belges.

« Le pays est pourri d'espions », murmure-t-on. Les villages changent de main au gré des contre-attaques.

Les Allemands ont dit aux habitants : « Nous reviendrons. »

Gide recueille ces récits, ces rumeurs.

« Quand les Prussiens revinrent, ils mirent tout à feu et à sang. Ils boutèrent le feu aux quatre coins des immeubles, ils avaient un corps spécial pour cela, puis, postés devant les portes, canardaient qui voulait sortir. Suivant son tempérament, en choisissant entre la grillade ou la balle. »

Une jeune femme, la voix hachée par l'émotion, se confie :

« Si nous étions restés, nous aurions été fusillés comme tant d'autres. Les Prussiens pillent et violent les femmes… Ils leur font enlever leurs robes et tout et veulent qu'elles les servent ensuite à table… Ah ! la guerre, c'est quéqu'chose. »

Et Jacques Bainville, qui rapporte ces propos, ajoute : « Ce *Ah ! la guerre, c'est quéqu'chose* sert de refrain au lamentable récit, vient en scander les épisodes les plus affreux. »

Des femmes ont accouché dans des wagons surpeuplés, surchauffés. Un vieillard est mort.

Sur les quais des gares, des villes de Normandie, des infirmières, des majors attendent les trains de blessés.

Les voies sont gardées par des « territoriaux » armés de vieux fusils et qui, pour tout uniforme, sont coiffés d'un képi. Un brassard serre la manche de leur blouse.

« Si les Prussiens arrivent jusqu'ici, ils les fusilleront comme francs-tireurs. »

« Un convoi de prisonniers allemands que l'on conduisait à Dinant a passé près d'ici », écrit Bainville.

L'assurance des officiers, le monocle sur l'œil, de somptueux cigares dans la bouche et disant à tout propos que leurs camarades seraient bientôt à Paris, a fait impression sur les ruraux, les a intimidés.

Le gouvernement de Viviani et le président de la République mesurent que sans un « coup de reins », le pays peut s'effondrer. Il faut renforcer l'*union sacrée*.

Viviani fait entrer au gouvernement deux socialistes importants : Jules Guesde, qui sera ministre d'État, et Marcel Sembat, ministre des Travaux publics.

L'heure est « tragique », dit Viviani.

Les Russes, après avoir pris l'offensive et remporté des succès, reculent, se rendent par dizaines de milliers aux troupes du maréchal Hindenburg, qui les attaque et les bat à Tannenberg, en Prusse-Orientale.

Il faut tenir cette nouvelle secrète, ne pas affoler l'opinion à laquelle on a répété que l'alliance russe, l'armée inépuisable du tsar était l'atout maître de la France, face à l'Allemagne.

Viviani prépare un Manifeste gouvernemental, qui sera adressé au pays, et signé par tous les ministres.

On continuera à y exalter l'allié russe, et on y affirmera la volonté patriotique.

Toutes les mairies affichent le Manifeste. De petits groupes se forment. On lit en silence.

« Français ! Le devoir est tragique, mais il est simple de repousser l'envahisseur ; le poursuivre ; sauver de sa souillure notre sol et, de son étreinte, la liberté ; tenir tant qu'il le faudra, jusqu'au bout, hausser nos esprits et nos âmes, au-dessus du péril, rester maîtres de notre destin.

« Pendant ce temps, nos alliés russes marchent d'un pas décidé vers la capitale de l'Allemagne que l'anxiété gagne, et infligent des revers multiples à des troupes qui se replient…

« Ayons confiance en nous-mêmes, oublions tout ce qui n'est pas la Patrie !

« Face à la frontière ! Nous avons la méthode et la volonté ! Nous aurons la victoire ! »

SIXIÈME PARTIE

SEPTEMBRE-NOVEMBRE 1914

24.

« Le devoir est tragique, mais il est simple : repousser l'ennemi. »

Cette première phrase du Manifeste gouvernemental a frappé les esprits par sa cruelle franchise.

Peu importe que le texte reprenne ensuite les illusions et les mensonges de « nos alliés russes marchant d'un pas décidé vers la capitale de l'Allemagne » au moment même où près de 100 000 d'entre eux se sont rendus aux armées de Hindenburg !

Le « bourrage de crâne » ne trompe plus en ces derniers jours d'août.

Et Viviani pourrait répondre que l'« allié russe » en lançant ses offensives a contraint l'état-major allemand à transférer 80 000 hommes du front français au front « russe ».

Vrai ? Faux ? Les Français ne se laissent plus berner.

Rassemblés devant les affiches blanc et noir, ils savent désormais que le sort de la France se joue sur le sol national auquel il faut s'agripper.

Et les étrangers qui vivent et travaillent en France – Polonais, Tchèques, Italiens –, qui ont fui la misère ou la persécution antisémite, s'engagent par milliers et vont former plusieurs « régiments de marche » dans la Légion étrangère.

Certains, comme l'Italien de 16 ans, Lazare Ponticelli[1], mentent, se vieillissent afin d'être enrôlés.

Ponticelli déclare : « Je veux défendre la France parce qu'elle m'a donné à manger, c'est une manière de dire merci. »

Ils sont 40 000 à revêtir l'uniforme français, geste symbolique et héroïque mais qui ne suffit même pas à remplacer les morts tombés, en cette fin d'août 1914, en deux ou trois jours de combat.

La ruée allemande va donc continuer de déferler.

À Berlin, on publie un communiqué triomphal.

« Les armées allemandes sont entrées en France, de Cambrai aux Vosges, après une série de combats continuellement victorieux. L'ennemi, en pleine retraite, n'est plus capable d'offrir une résistance sérieuse. »

Le maréchal French, qui commande le British Expeditionary Force de 120 000 hommes et qui a tenté de ralentir la poussée allemande en Belgique, n'est pas loin de partager ce diagnostic.

Dès lors il se soucie de préparer le rapatriement de ses soldats si besoin est.

Il envisage – après la prise de contrôle par les Allemands des ports belges – de se replier sur Le Havre.

1. Il mourut en 2008, dernier survivant de la Grande Guerre. Il avait 110 ans. Il a été honoré aux Invalides. J'ai eu l'honneur d'y prononcer son éloge funèbre. Le président de la République célébra sa mémoire.

John French.

Joffre lui rend visite afin de lui expliquer sa stratégie : « Se retirer plus loin qu'il ne l'avait cru d'abord afin de préparer sa contre-attaque. »

« Je ne peux douter, martèle-t-il, que l'armée anglaise ne vienne prendre sa part dans cette lutte. L'honneur de l'Angleterre est en jeu, monsieur le maréchal. »

Mais French a reçu des instructions précises de Londres : « Votre commandement est entièrement indépendant. »

Autant dire que le sort de la France est entre les mains de l'état-major et surtout des fantassins français.

La retraite se poursuit donc.

Le général Gallieni, l'adjoint de Joffre, détaché à Paris – sans qu'on lui donne des moyens ou des instructions –, répond à Poincaré qui l'interroge sur le sort de la capitale : « Paris ne peut pas tenir et le gouvernement doit partir tout de suite. »

Le 31 août a commencé l'évacuation de Reims… Cependant que le maréchal French refuse de replacer ses troupes sur la ligne de front.

« Le British Expeditionary Force, dit-il, considérant les fatigues subies et les pertes en officiers et en hommes, doit se replier afin de se reposer quelques jours… » Et les relations sont interrompues entre French et Joffre !

Mais le généralissime garde son sang-froid.

Il explique à ses généraux qu'il faut « soustraire les armées à la pression de l'ennemi ». Elles vont se réorganiser, se préparer à l'offensive générale, « que je donnerai l'ordre de reprendre dans quelques jours.

« Vous n'hésiterez pas le cas échéant à utiliser les mesures les plus énergiques pour faire pourchasser les soldats qui se débandent et se livrent au pillage.

« Les fuyards, s'il s'en trouve, seront pourchassés et passés par les armes ».

Combien sont-ils ceux qui, errants, désemparés, sans armes, ayant perdu tout contact avec leur unité, seront arrêtés par les gendarmes et fusillés, sans même avoir eu un simulacre de procès ?

C'est à ce prix qu'on maintient la discipline d'une armée qu'aucun de ses chefs n'avait prévu exposée au déluge de feu des armes modernes et aux hécatombes qu'elles provoquent.

Et c'est à cette armée, à ces hommes qui ont vu leurs camarades éventrés, mutilés, leur chair réduite à une boue rouge, qu'on va demander de repartir à l'offensive !

Les hommes politiques doutent des initiatives de Joffre. Ils savent désormais que sur un front d'une cinquantaine de kilomètres, entre Verdun et l'Oise, s'avancent cinq armées allemandes.

« Toutes les espérances de Joffre sont déçues, on est en retraite partout ! » répète Poincaré.

Mais le 30 août, Joffre comme Gallieni déclarent ne plus être en mesure de défendre Paris. Le gouvernement devrait donc quitter la capitale pour Bordeaux.

Poincaré et la plupart des ministres craignent que ce départ ne les condamne aux yeux de l'opinion.

Dès que la rumeur de départ du gouvernement s'est répandue, on a brocardé ces présidents, ces députés et ministres qui touchent 15 000 francs d'indemnité mensuelle.

« La fuite vers Bordeaux, c'est la retraite des Quinze mille ! » a-t-on dit avec mépris.

Mais comment s'opposer à la volonté de l'état-major ?

Le départ est fixé au mercredi 2 septembre, à minuit, à la gare d'Auteuil-Ceinture.

Le président de la République Poincaré, Viviani et les ministres embarquent dans un train spécial qui doit gagner la gare d'Ouest-Ceinture, puis la ligne d'État, Paris-Bordeaux. Mme Poincaré sanglote, effondrée.

Le président murmure qu'il faut « avoir le courage de paraître lâche ».

25.

Le 2 septembre 1914, cependant que le train spécial emporte le gouvernement de la France vers Bordeaux, une *Proclamation* signée par le président de la République, le président du Conseil Viviani et treize autres ministres est diffusée.

Il s'agit d'expliquer pourquoi le gouvernement a jugé nécessaire, « pour veiller au salut national, de s'éloigner, pour l'instant, de la ville de Paris ».

Le lendemain, 3 septembre, la Proclamation est affichée dans toutes les mairies et publiée in extenso par les journaux.

« Français,

« Depuis plusieurs semaines, des combats acharnés mettent aux prises nos troupes héroïques et l'armée ennemie. La vaillance de nos soldats leur a valu sur plusieurs points des avantages marqués. Mais, au nord, la poussée des forces allemandes nous a contraints à nous replier.

« Cette situation impose au président de la République et au gouvernement une décision douloureuse. *Pour veiller au salut national, les pouvoirs publics ont le devoir de s'éloigner, pour l'instant, de la ville de Paris.*

Sous le commandement d'un chef éminent[1], une armée française, pleine de courage et d'entrain, défendra contre l'envahisseur la capitale et sa patriotique population. Mais la guerre doit se poursuivre, en même temps, sur le reste du territoire.

« Sans paix ni trêve, sans arrêt ni défaillance, continuera la lutte sacrée pour l'honneur de la nation et pour la réparation du droit violé. Aucune de nos armées n'est entamée. Si quelques-unes ont subi des pertes trop sensibles, les vides ont été immédiatement comblés par les dépôts, et l'appel des recrues nous assure, pour demain, de nouvelles ressources en hommes et en énergies.

« Durer et combattre, tel doit être le mot d'ordre des armées alliées, anglaise, russe, belge et française !

« Durer et combattre, pendant que, sur mer, les Anglais nous aident à couper les communications de nos ennemis avec le monde !

« Durer et combattre, pendant que les Russes continuent à s'avancer pour porter, au cœur de l'empire d'Allemagne, le coup décisif !

« C'est au Gouvernement de la République qu'il appartient de diriger cette résistance opiniâtre.

« Partout, pour l'indépendance, les Français se lèveront.

« Mais pour donner à cette lutte formidable tout son élan et toute son efficacité, il est indispensable que le Gouvernement demeure libre d'agir.

« À la demande de l'autorité militaire, le Gouvernement transporte donc momentanément sa

1. Le général Gallieni.

résidence sur un point du territoire d'où il puisse rester en relations constantes avec l'ensemble du pays.

« Il invite les membres du Parlement à ne pas se tenir éloignés de lui pour pouvoir former, devant l'ennemi, avec le Gouvernement et avec leurs collègues, le faisceau de l'union nationale.

« Le Gouvernement ne quitte Paris qu'après avoir assuré la défense de la ville et du camp retranché par tous les moyens en son pouvoir.

« Il sait qu'il n'a pas besoin de recommander à l'admirable population parisienne le calme, la résolution et le sang-froid. Elle montre tous les jours qu'elle est à la hauteur des plus grands devoirs.

« Français,

« Soyons tous dignes de ces tragiques circonstances. Nous obtiendrons la victoire finale. Nous l'obtiendrons par la volonté inlassable, par l'endurance et par la ténacité.

« Une nation qui ne veut pas périr et qui, pour vivre, ne recule ni devant la souffrance ni devant le sacrifice est sûre de vaincre. »

Ce 3 septembre, le général Gallieni, ancien gouverneur général de Madagascar qui vient d'être nommé par décret gouverneur militaire de Paris, adresse à l'armée et aux habitants de Paris une proclamation qui est affichée sur les murs de la capitale.

« Armée de Paris, habitants de Paris,

« Les membres du Gouvernement de la République ont quitté Paris pour donner une impulsion nouvelle à la Défense nationale.

« J'ai reçu le mandat de défendre Paris contre **L'ENVAHISSEUR.**

« Ce mandat, je le remplirai jusqu'au bout.

« Paris, le 3 septembre 1914.

« Le gouverneur militaire de Paris,
« commandant de l'armée de Paris,
Gallieni. »

26.

« **L'ENVAHISSEUR** ».

Le regard de tous ceux qui s'attroupent devant la grande affiche blanche où se détache ce mot « L'ENVAHISSEUR » en caractères gras se fixe sur ces quatre syllabes.

On les répète, on les relit à mi-voix, comme pour s'imprégner de la déclaration de Gallieni.

On serre les poings.

Ni panique ni surprise, ni désespoir, mais la détermination « contre l'envahisseur ».

On ne cédera pas.

On a oublié la longue Proclamation du gouvernement, ses signataires, président, ministres.

Mais les trois lignes du « gouverneur militaire de Paris, commandant de l'armée de Paris », de ce Gallieni dont on avait si rarement entendu le nom, résonnent en chaque Parisien comme un ordre qu'on doit et qu'on veut exécuter.

Cette déclaration lapidaire est d'un homme qui saura « défendre Paris contre **L'ENVAHISSEUR** ».

On sait qu'il remplira ce « mandat jusqu'au bout ».

Le soir de ce 3 septembre 1914, une division africaine de près de 10000 hommes traverse Paris de la porte d'Orléans à la gare de l'Est. Tout au long de cette marche de plusieurs kilomètres, une foule de Parisiens, entassés sur plusieurs rangs le long des trottoirs, l'a acclamée.

Boulevard Saint-Michel, au cœur du Quartier latin, ont été déposées des cruches de vin, de bière et d'eau que les soldats boivent à la régalade sous les applaudissements, les cris, les chants martiaux.

« La République nous appelle
Il faut vaincre ou savoir mourir
Un Français doit vivre pour Elle
Pour Elle un Français doit mourir. »

Les mesures de défense prises autour et dans la capitale confirment la résolution de Gallieni.

Les portes de Paris sont barrées par des chevaux de frise, les ponts sur la Seine sont minés. On commence d'abattre arbres et maisons qui, dans les faubourgs, pourraient servir de protection ou de points d'appui aux avant-gardes allemandes.

Parce qu'on sait qu'elles sont là, à quelques dizaines de kilomètres. L'Aisne, la Somme, la Marne, la Seine, l'Ourcq, ces fleuves sont familiers aux Parisiens.

Ils sont empruntés chaque jour par des péniches qui assurent une bonne partie de l'approvisionnement de Paris en sable, en charbon, en blé, en bois, en gravier.

« Nos » fleuves, on dit que les Allemands les ont franchis. Ils ont atteint Laon, Reims, Senlis, Meaux.

On a vu des patrouilles de uhlans et de « hussards de la mort », ces cavaliers prussiens vêtus de noir, portant une tête de mort et des tibias croisés sur leur bonnet de fourrure, au lieu-dit Gonesse, à 17 kilomètres de Paris.

« Leurs » avions à croix noire, les « taubes », ont même lâché quelques bombes sur Paris.

L'attaque contre la capitale semble imminente.

Dès le 2 septembre est constituée une « réserve permanente » de taxis-autos susceptibles de transporter rapidement des troupes là où les Allemands risquent de percer la défense de Paris.

On attend donc l'assaut contre le camp retranché de Paris.

Cependant les patrouilles envoyées par Gallieni pour observer l'ennemi signalent, dès le 30 août, un changement de direction de la 1re armée allemande commandée par von Kluck.

Au lieu de marcher directement vers Paris, la 1re armée s'oriente au sud, dans le but évident de prendre dans une nasse l'armée française qui se trouve à l'est, face aux Vosges, à la Lorraine. *Mais si ce changement de direction se confirme, les Allemands offrent leur flanc à découvert sur la Marne, permettant à une offensive française de l'attaquer.*

Gallieni envisage immédiatement cette opportunité.

Il se rend en compagnie du général Maunoury au Quartier général des Britanniques installé à Melun afin de les associer à l'offensive.

Le maréchal French est absent : les Anglais ne répondent donc pas aux généraux français qui précisent que des aviateurs du camp retranché de Paris confirment la manœuvre allemande.

Les unités de von Kluck survolées à basse altitude sont si sûres d'elles qu'elles n'ont pas ouvert le feu contre les avions français.

Les soldats marchent de chaque côté de la route, leurs sacs entassés sur des camions ou des charrettes. L'artillerie est encadrée par ces mêmes fantassins qui embarquent à tour de rôle sur les plates-formes des véhicules afin de se reposer.

Les aviateurs, qui savent que les soldats français portent des sacs lourds de plusieurs kilos, que depuis un mois ils marchent jusqu'à 50 kilomètres par jour, insistent sur ces différences, mais les officiers auxquels ils font leur rapport haussent les épaules.

On va demander aux fantassins encore plus, puisque Joffre, entraîné et convaincu par Gallieni, donne l'ordre le 4 septembre au soir de se préparer à l'offensive pour le 6 septembre au matin.

Joffre, le 6 septembre, lance un appel à ses troupes.

« Au moment où s'engage une bataille dont dépend le sort du pays, écrit-il, il importe de rappeler à tous que le moment n'est plus de regarder en arrière ; tous les efforts doivent être employés à attaquer, à refouler l'ennemi.

« Une troupe qui ne peut plus avancer devra coûte que coûte garder le terrain conquis et se faire tuer sur place plutôt que de reculer.

« Dans les circonstances actuelles, aucune défaillance ne peut être tolérée. »

Taxi de la Marne en novembre 1914.

C'est l'offensive, sur toute l'étendue du front français.

C'est *la bataille de la Marne* acharnée du 6 au 11 septembre 1914.

« La terre est un cratère, le ciel est un volcan », dit un survivant.

Mais des centaines de milliers d'hommes se sont entretués.

Certains sont tombés à la veille de l'offensive.

Parmi eux, un officier de 46 ans, affecté au 276e régiment d'infanterie : Charles Péguy. Sa compagnie, le 5 septembre, a fait halte à Villeroy, à 20 kilomètres de Paris (oui… 20 kilomètres !). Péguy, après la mort de son capitaine, le remplace et sous le feu de l'artillerie allemande tente de s'emparer de Montyon où est installé un état-major allemand. Il reste debout, comme s'il attendait la balle, l'éclat qui lui permettrait de vivre ce qu'il a écrit :

« Heureux ceux qui sont morts pour la terre charnelle
Mais pourvu que ce fût dans une juste guerre. »

La bataille dévore.

Il faut enfourner des hommes dans le brasier.

Dans la nuit du 6 au 7 septembre, les 630 autos-taxis réquisitionnés dans la « réserve permanente » quittent Paris chargés de 4000 hommes qui sont débarqués à une cinquantaine de kilomètres de Paris, à Nanteuil-le-Haudouin.

Peu de chose en regard des 200000 hommes qui participent à l'offensive !

Mais la légende s'empare de cet épisode qui contribue à faire de *la bataille de la Marne* le symbole de l'*union sacrée*, civils et soldats réunis pour arrêter l'*Envahisseur*.

Et c'est effectivement l'un des moments décisifs de la guerre : les Allemands n'encercleront pas Paris – comme ils l'ont fait en 1870 –, ils reculent !

Il s'agit donc bien d'une victoire, durement payée, faite de cent combats, où les unités sont souvent isolées, ne pouvant compter sur le soutien de l'artillerie, ignorant qu'elles sont parfois débordées.

Dans la nuit du 9 septembre 1914, Maurice Genevoix, jeune normalien, nommé sous-lieutenant, occupe avec la section qu'il commande une tranchée sur le plateau de la Vaux-Marie.

« Nous nous croyions couverts, à droite et à gauche, par deux éléments de tranchée qu'occupait une autre compagnie. »

Et tout à coup, à la lueur des éclairs d'un orage qui éclatait, il aperçoit des silhouettes « qui fonçaient sur nous, distinctes sur le ciel jusqu'aux pointes de leurs casques... Comment aurions-nous su que nos camarades avaient été surpris avant nous et presque tous, hors quelques prisonniers, massacrés à l'arme blanche ? ».

Ils avaient cédé à la fatigue, à la faim, se précipitant dans les caves des maisons abandonnées, se gavant et, « assommés par un sommeil lourd, avaient été saignés par des chourineurs[1] ».

Mais la section de Maurice Genevoix résiste par un feu à répétition.

À ces soldats français accrochés au sol de leur patrie envahie, le général von Kluck, le vaincu, adresse cet éloge :

« Que des hommes ayant reculé pendant dix jours, écrit-il, que des hommes couchés par terre et à demi morts de fatigue puissent reprendre le fusil et attaquer au son du clairon, c'est une possibilité dont il n'a jamais été question dans nos écoles de guerre. »

Voici ces hommes tels que l'un d'entre eux (Galtier-Boissière) les voit après la bataille.

Pour se protéger de la pluie, beaucoup portent de grands sacs vides qui leur pendent dans le dos... D'autres ont découpé un rond dans des toiles cirées,

1. Maurice Genevoix, *La Mort de près*, Paris, La Table Ronde, 2011.

passé leur tête dedans, ou portent des tapis comme des chasubles. Des troupiers hirsutes sont drapés dans des descentes de lit à ramages… Quelques-uns ont enfilé, par-dessus leurs capotes, le grand manteau gris des fantassins prussiens. Tous sont chargés de trophées : casques à pointe, équipements fauves, fusils Mauser… Beaucoup ont troqué leurs godillots usés contre des bottes allemandes… Un soldat exhibe des souliers de femme jaunes, avec des jambières de garde-chasse ; un autre arbore le « tuyau de poêle » de quelque maire de village. Un grand nombre s'abrite sous d'immenses riflards de couleur, qui rappellent les parapluies des chasseurs, à la porte des grands restaurants…

Ces « troupes hirsutes » vont entrer dans l'Histoire nationale sous le nom de « POILUS », devenu synonyme de patriotisme, de courage et d'abnégation.

Les poilus sont les descendants des *volontaires* de l'an II, ces *sans-culottes*, et des *grognards* de la Grande Armée napoléonienne.

Le 12 septembre, Joffre les salue, adressant à l'armée l'ordre du jour de la victoire.

« La bataille qui se livre depuis cinq jours s'achève en victoire incontestable… Partout l'ennemi laisse sur place de nombreux blessés et des quantités de munitions. Partout on fait des prisonniers.

« En gagnant du terrain, nos troupes constatent les traces de l'intensité de la lutte et l'importance des moyens mis en œuvre par les Allemands pour résister à notre élan. La reprise vigoureuse de l'offensive a déterminé le succès. Tous, officiers et soldats, vous avez répondu à mon appel. Vous avez bien mérité de la patrie. »

Le lendemain, 13 septembre, Joffre télégraphie au gouvernement le bilan de la bataille de la Marne :

« Notre victoire s'affirme de plus en plus complète, partout l'ennemi est en retraite, partout les Allemands abandonnent prisonniers, blessés, matériel. Après les efforts héroïques dépensés par nos troupes pendant cette lutte formidable, qui a duré du 5 au 12 septembre, toutes nos armées, surexcitées par le succès, exécutent une poursuite sans exemple.

« À notre gauche, nous avons franchi l'Aisne, en aval de Soissons, gagnant ainsi plus de 100 kilomètres en six jours de luttes.

« Nos armées, au centre, sont déjà au nord de la Marne.

« Nos armées de Lorraine et des Vosges arrivent à la frontière.

« Nos troupes, comme celles de nos alliés, sont admirables de moral, d'endurance et d'ardeur.

« La poursuite sera continuée, avec toute notre énergie. »

Ces mots sonores sont justifiés, car les « poilus » ont « bien mérité de la patrie », et la victoire est là, Paris ne sera pas souillé par l'ennemi.

Mais, derrière l'emphase, il y a le massacre, la tuerie, où disparaissent des dizaines de milliers de soldats jeunes, *hommes* d'abord, quelle que fût la couleur de leur uniforme.

Il faut pour ne pas les oublier retourner sur le champ de bataille avec un jeune journaliste. Émile Henriot – plus tard académicien –, qui le parcourt le 14 septembre.

« Sur la route de Meaux… de hauts peupliers fracassés… Comme si la foudre zigzaguant avait éclaté en tous sens…

« — Bah ! me dit un paysan, ce n'est pas grand-chose. Si vous voulez voir du plus beau, montez de l'autre côté de Vareddes. Par là…

« Vareddes, dans un creux. Grand désordre. Des gens vont et viennent, ahuris, prostrés. Sur les portes, des inscriptions à la craie : "Tout pillard sera fusillé." Je traverse le village dans la direction du plateau. Un cheval crevé, gonflé, pattes en l'air, rigides, au bord du fossé. Çà et là, des pièces d'équipement, une gamelle trouée, un bidon… Au détour d'une haie, un grand espace vide couleur d'éteules blondes, sous un large ciel. Des meules noires, au loin ; quelque chose fume, à même le sol. Je ne sais quoi d'écœurant, de fade, qui prend à la gorge, lève le cœur. Ces fumées ?… J'avance. Il y a un champ de coquelicots, là-bas, sur la droite… Ce ne sont pas des coquelicots mais des pantalons rouges, alignés sur un grand espace…

« Une section qui attaquait a été fauchée… La puanteur sinistre, et le spectacle, plus horrible encore. Ce que je vois, ce ne sont plus des hommes, mais des marionnettes énormes, le corps distendu, depuis huit jours peut-être qu'ils sont là, sous ce dur soleil, les visages noirs, les mains noires ; la jugulaire du képi sangle les faces boursouflées, les bretelles du sac encore sur le dos, ficelant les épaules. Près de chaque tué, son fusil. Les pillards déjà sont venus. La mitraille a bien travaillé : une section ou deux prises dans un tir de mitrailleuses, tombées bien en file.

« Je vais devant moi sans pensée. Le plateau est couvert de morts. Ces pantalons de toile blanche, ces petites vestes bleues à soutaches : des turcos, des zouaves en chéchia. Le même ordre, le même alignement. Ces hommes montaient à l'assaut, baïonnette au bout du fusil. Couchés sur place. Même boursouflure des visages, même distension des corps ligotés de cuir.

« Plus loin, une mêlée. Des zouaves, des Allemands. Ceux-là sont arrivés au corps à corps. La rafale d'obus a tout détruit. Contre une meule, encore debout, un zouave mort tient un Allemand embroché : j'ai vu ça. De l'autre côté de la meule, un Allemand a été tué posant culotte, et il est glorieusement tombé, le cul dans ses déjections. Ces fumées maintenant, je sais d'où elles viennent, montant de ces ronds noirs de cendre que fait la paille calcinée. Sur un de ces ronds, des ossements blanchis. Je saurai plus tard que les Allemands, pendant la bataille qui a duré trois jours, brûlaient leurs morts, pour échapper à l'odeur des cadavres qui se défaisaient au soleil.

« Un village achève de brûler. Non loin, des tranchées pleines d'Allemands morts... Il n'y aura sur eux qu'à rabattre le remblai de terre. Entre les cadavres, par dizaines, de grosses bouteilles de champagne vides... Un attelage d'artillerie culbuté, les lourds chevaux pris dans leurs traits tendus, eux aussi gonflés ; on dirait de petits éléphants, ventre en l'air.

« Un croisement de routes. Les poteaux intacts marquent ce paysage d'histoire et disent les directions de Barcy, Chambry, Torcy, Vareddes. L'odeur épouvantable colle. J'en suis imprégné comme d'une glu. Le beau soir de septembre tombe, dans une majesté paisible, sur cette infection[1]. »

1. Cité dans l'indispensable *Vie et mort des Français*, par André Ducasse, Jacques Meyer, Gabriel et Jacques Perreux, préface de Maurice Genevoix, Paris, Hachette, 1959.

27.

Seul un combattant – qu'il soit simple soldat ou officier, français ou allemand – peut justement parler de la bataille de la Marne.

Il faut avoir vu tomber les camarades autour de soi, avoir entendu les mourants crier « maman » ; il faut avoir tué, embroché un ennemi, et dénombré les survivants : 21 soldats sur les 76 que comptait la section.

Et il faut avoir continué à se battre.

En trois jours, du 6 au 9 septembre, 25 000 hommes moururent du côté français, auxquels il faut ajouter 8 000 tués dans les premiers jours de septembre, soit en tout 110 000 morts depuis le début de la guerre. Et les pertes allemandes sont, pour août et septembre, équivalentes.

Le sergent J. Ducasse, du 107e régiment d'infanterie d'Angoulême (grièvement blessé le 15 novembre 1914, il meurt le 1er mai 1915), écrit dans son carnet, le 11 septembre :

« Les Allemands ont complètement délogé dans la nuit. Nos fantassins flapis attendent des ordres et visitent le champ de bataille… Quelle boucherie ! Des centaines de cadavres, pièces de canons, sacs éparpillés, une odeur pestilentielle…

« À 1 heure, nous partons, et traversons les trois villages de Courdemanges, Huiron et Glannes, des ruines fumantes. Partout des morts d'un vert noirâtre. Nous marchons au fond des ravins pour n'être pas vus par l'artillerie, car il y a encore quelques canons sur les collines, de l'autre côté de la Marne. À défaut d'obus, nous recevons une ondée formidable, avant d'arriver à Loisy. »

Dans ce qui était le « siège d'une division de cavalerie allemande, la table est encore dressée, toute la correspondance du général éparpillée avec son chiffre de prince de Hesse[1] ».

En quatre jours, le régiment progresse de 80 kilomètres.

L'armée allemande recule donc, mais en ordre, s'arrêtant sur les hauteurs de la vallée de l'Aisne et s'y fortifiant.

Un jeune Allemand, engagé à 16 ans, combattant de première ligne, ayant une expérience personnelle de la guerre, Werner Beumelburg, écrit :

« À la mi-septembre, le mouvement de repli est arrêté, les troupes tournent à nouveau les canons de leurs fusils du côté de l'ennemi. Partout, elles attendent avec calme son attaque…

« Les armées allemandes de l'Ouest ont bien abandonné à l'ennemi le champ de bataille et leur

1. *Vie et mort des Français*, *op. cit.*

grand plan stratégique, mais elles ne lui ont pas cédé la victoire.

« Le front s'étend de Noyon à Reims par Soissons ; de là, il traverse la Champagne et gagne la lisière nord de l'Argonne. Au nord de Verdun, il se relie à l'ancienne ligne d'avant la bataille.

« Le drame de la Marne est terminé. Une situation nouvelle a vu le jour, le passage de l'avance victorieuse à la retraite précipitée, de la retraite au nouveau demi-tour face à l'ennemi, a été chose si rapide et si terrible qu'encore on ne la comprend guère.

« Mais chacun a déjà le vague sentiment qu'un malheur est arrivé[1]. »

Du côté des troupes françaises, on ne cède pas à l'enthousiasme.

Maurice Genevoix écrit dans ces quinze derniers jours de septembre :

« Une seule impression me possédait, lancinante : la poursuite avait cessé, les cloches s'étaient arrêtées et il allait falloir se battre dans cette débâcle du corps et de l'esprit. Je me sentais infiniment seul, glissant un peu plus chaque minute vers cette désespérance dont rien ne viendrait me tirer. »

Les soldats – simples fantassins ou officiers de troupe – sont épuisés après deux mois de combats, de retraite, d'assauts et de contre-offensives.

Ils ont soif, faim, car le ravitaillement est incertain. Alors, ils se nourrissent de raves déterrées dans les champs, de mûres, et la dysenterie les tenaille.

1. Werner Beumelburg, *La Guerre de 14-18 racontée par un Allemand*, Paris, Bartillat, 1998.

Ils couchent sur la paille des granges durant des nuits glacées, sans couverture, subissant des pluies interminables, dans le fond visqueux d'un fossé. Et souvent, dans ces tranchées qu'il faut creuser à la hâte, sous le feu de l'ennemi, ils s'endorment près de leurs camarades morts, dont une jambe, une main dépassent de la paroi faite de boue.

« Pendant cette période du 14 au 25 septembre, écrit dans l'un de ses carnets le lieutenant-colonel Desfontaines, nous avons connu une des périodes de guerre les plus pénibles : surmenage physique, manque de vivres, pertes non remplaçables des derniers officiers de l'active, découragement de la troupe. »

La bataille de la Marne est ainsi le résultat des décisions prises par le commandement – Joffre, Gallieni, Foch, Sarrail, Maunoury, de Castelnau, et de nombreux autres –, mais « celui qui aura vu de près une grande bataille, non pas sur la table où se rédigent les ordres mais sur le terrain où se heurtent la chair et le métal, parlera moins de stratégie et de tactique. C'est la souffrance du soldat et son abnégation qui obtiennent la victoire et la paient de leur sang[1] ».

On mesure la colère, l'indignation, le mépris qui saisissent les combattants quand, alors qu'ils sont pris sous le feu des Allemands qui ne reculent plus, mais au contraire contre-attaquent, bombardent à partir des hauteurs qui surplombent la vallée de l'Aisne, ils découvrent les commentaires de la presse.

1. Louis Hourticq.

Dans *L'Humanité*, le 15 septembre, le survivant de la Commune, Édouard Vaillant, écrit :

« C'est le commencement de l'écrasement de l'impérialisme prussien. C'est bien le commencement de la victoire des armées alliées… »

Dans *L'Écho de Paris*, le général Cherfils, le chroniqueur militaire, écrit le 14 septembre :

« Maintenant, c'est la victoire. Ses ailes frémissantes vont porter nos armées jusqu'au Rhin. Le triomphe final n'a jamais été en doute, mais il pouvait se faire attendre davantage… Il n'y a rien derrière les Allemands, aucun renfort, aucun repli organisé, aucun plan, aucune armée de réserve, rien à quoi accrocher leur fuite éperdue pour tenter un retour offensif. C'est la débâcle absolue. Elle ne s'arrêtera que par la curée comme en 1806… »

Cette propagande ne trompe que les civils dont aucun proche n'est au front, ou ceux qui veulent croire à l'illusion d'une guerre courte, qui se terminera à la fin de l'année 14 par le triomphe des Alliés.

Et l'on célèbre l'armée russe, la flotte anglaise.

On se félicite qu'à Londres, le 4 septembre, les trois gouvernements – russe, anglais, français – se soient engagés à ne pas conclure de paix séparée au cours de la guerre et à s'entendre sur les conditions à imposer lors du règlement de la paix.

Mais les combattants vivent dans la boue ensanglantée qu'est leur réalité quotidienne.

Ils subissent les bombardements de l'artillerie lourde allemande qui s'acharne, depuis les hauteurs qui dominent Reims, sur la cathédrale.

On s'indigne de l'acharnement des « Boches » contre ce symbole de la civilisation européenne, ce chef-d'œuvre du christianisme visé chaque jour « sauvagement » avec la volonté de le détruire par l'envoi d'obus incendiaires.

Mais on n'est pas étonné.

Les rumeurs – sans qu'on puisse les vérifier – répandent l'idée que les Allemands ont un rapport « organique » avec la guerre.

« Chez nous, écrit Gide en pleine bataille de la Marne, l'armée reste un instrument ; chez eux, c'est un *organe*, et la guerre est pour cet organe le besoin d'entrer en fonction ! »

On prétend que les Allemands achèvent leurs propres blessés sur le champ de bataille.

« On se redit, note Gide, à la date du 8 septembre, l'histoire de cette infirmerie où dans une même salle blessés français et allemands étaient rassemblés : le village tomba entre les mains des Allemands puis fut repris ; au moment d'évacuer, les Allemands tuèrent leurs blessés au nombre de six, et laissèrent la vie aux quatre blessés français. Explique qui pourra.

« De même dans un combat naval, près d'Héligoland, on les vit tirer sur les marins allemands que la baleinière anglaise était sur le point de recueillir.

« Enfin, on raconte que, devant franchir une rivière dont les ponts avaient été coupés, ils n'hésitèrent pas à culbuter dans la rivière trois de leurs voitures d'ambulance, pleines encore de blessés qu'ils ne prirent pas la peine de sortir des voitures et ils passèrent dessus. »

Ces rumeurs confirment que la « lutte atroce » continue.

Les Allemands se sont incrustés dans les carrières de la région de Soissons, autour de Reims, dans le département de l'Aisne.

Il faudrait pour les déloger les soumettre avant l'assaut de l'infanterie à un bombardement continu. Mais les forces françaises ne disposent pas en nombre suffisant de pièces d'artillerie lourde.

Elles manquent d'ailleurs de munitions.

On dispose, tous calibres confondus, de 3500 canons, surtout des pièces de 75, et l'on ne fabrique que 10000 coups par jour. Le général Joffre ne porte qu'un seul document militaire sur lui : un petit carnet sur lequel est tenu le compte exact en munitions.

Le 28 septembre, il ordonne que « les munitions en excédent de 300 coups par pièce constituent dans chaque armée une réserve que le commandement d'armée conserve à sa disposition exclusive et dans laquelle il ne pourra puiser qu'après avoir demandé et reçu l'autorisation du généralissime Joffre lui-même... Tous les soirs, ou toutes les nuits avant 6 heures, chaque armée fera connaître par télégramme au directeur de l'arrière le nombre de coups consommés dans la journée ».

L'armée allemande, tout en étant mieux pourvue, craint elle aussi de manquer de munitions. Ses unités ont été – comme les régiments français – saignées par la bataille de la Marne. Les pertes atteignent souvent 40 % des effectifs.

Face à face, les deux armées, épuisées, s'immobilisent, pour reconstituer leurs forces. Von Falkenhayn a remplacé von Moltke à la tête du commandement allemand. Joffre reste généralissime, assisté du général Foch qui s'est distingué.

Le 25 septembre, les Allemands tirent une cinquantaine d'obus sur la maison de campagne du président de la République, dans le village de Sampigny, situé non loin de Saint-Mihiel, dont les Allemands viennent de s'emparer et qu'ils vont fortifier.

De ce « saillant » – que les Allemands conserveront jusqu'en septembre 1918 –, ils détruisent avec leurs pièces lourdes une partie de la maison, et saccagent le parc.

« Simple goujaterie », aurait commenté Joffre.

Et il est vrai que dans le déluge de fer et de feu, des centaines de milliers d'hommes tués ou blessés, le sort du cheval de M. le président Poincaré et des meubles de sa maison et des arbres de son parc paraît dérisoire.

Mais on édite une carte postale, montrant les destructions de la maison présidentielle... comme preuve de la barbarie allemande.

28.

Ces Allemands, ces barbares, ces « Boches », sont-ils encore des civilisés ?

Dès le 8 août, le philosophe Henri Bergson a déclaré : « La lutte engagée contre l'Allemagne est la lutte même de la civilisation contre la barbarie. »

Le ton est donné, l'Allemagne stigmatisée ; elle est entraînée dans une « régression sauvage ».

Quand le 19 septembre, l'académicien Alfred Capus brosse en première page du *Figaro* le portrait du kronprinz, il écrit :

« Ce nom évoque soudain la grossièreté, la morgue épaisse, le rictus de la haine, tout ce qui trahit dans un type humain la bassesse et la déchéance. »

On dénonce les « atrocités » allemandes : exécution d'otages, viols, mutilations – « ils coupent les mains des enfants » –, pillage.

Et il est vrai que l'« envahisseur » a la volonté de terroriser la population des contrées qu'il traverse et occupe.

Les réfugiés des départements du Nord, les Belges amplifient dans leurs récits les violences et les crimes de guerre dont ils ont été les témoins.

En regard, l'héroïsme et la noblesse des Français sont exaltés.

Jacques Bainville note dans son journal, le 24 septembre :

« Il n'est pas d'endroit sur la terre où l'homme soit d'une qualité supérieure à ce qu'il est en France. »

Bainville raconte comment le musicien Albéric Magnard, resté dans sa maison de campagne du Valois, voit un matin deux uhlans s'approcher. Magnard qui avait un fusil les vise et fait coup double. Quelques instants après, d'autres uhlans arrivent en force, s'emparent du musicien et le fusillent... Albéric Magnard était un homme de grand talent, mais un méditatif, un doux. Pourtant, il n'a pas pu supporter « ça ». Et « ça », c'était de voir les Prussiens chez lui.

Réalité et « bourrage de crâne » se mêlent, se superposent.

L'Allemand, c'est le barbare, mais en même temps celui qui fascine.

« Les soldats allemands sont joliment mieux habillés que les nôtres, confient à Bainville des territoriaux qui reviennent du front.

« [...] Les gaillards ont des bottes de cuir fauve étonnamment confortables et un uniforme d'une couleur feldgrau qui est exactement la couleur de la terre de France. Le pantalon rouge fait triste mine à côté de ces vêtements pratiques, souples et qui ne se voient pas, tandis que le pauvre pantalon rouge traditionnel sert de cible à l'ennemi. »

Et le soldat français en septembre 1914 n'est pas encore doté d'un… casque : « Inutile », aurait déclaré Joffre !

Heureusement, pense-t-on, Dieu protège la France ! Les prières, les processions, les messes se multiplient, en dépit des réticences du gouvernement laïc et anticlérical.

Le clergé est d'un patriotisme irréprochable, mais il doit tenir compte des appels en faveur de la paix lancés par le nouveau pape Benoît XV – Mgr Della Chiesa qui a succédé en septembre à Pie X – qui, dans sa première encyclique, demande que soit mis fin à la « lutte fratricide » puisqu'il y a des catholiques dans chaque camp.

Mais selon certains – ainsi Albert de Mun –, des signes montrent que « notre douce France, encore une fois, comme à Tolbiac et à Poitiers, est le soldat de la civilisation chrétienne ».

Le bombardement de la cathédrale de Reims et la mort de Péguy qui a chanté *Jeanne la Lorraine* sont la preuve de l'attention de Dieu.

« Chose étrange que Péguy soit mort d'une balle au front au moment où commençait à brûler la cathédrale où Jeanne d'Arc, pour le sacre de Charles VII, avait mené son oriflamme à l'honneur, écrit Jacques Bainville. La guerre de 1914 fait de beaux symboles. Péguy aura dans notre histoire littéraire et nationale la place de ces poètes soldats de l'Allemagne d'il y a cent ans qui tombaient dans la guerre d'indépendance.

« En s'acharnant contre la cathédrale de Reims, les Allemands savent bien ce qu'ils font. Nul peuple n'a plus qu'eux l'esprit historique et le sens de la symbolique historique. Détruite la cathédrale où étaient sacrés les rois de France, c'est une manifestation de même nature que la proclamation de l'Empire allemand en 1871 dans le palais de Louis XIV à Versailles. »

La cathédrale de Reims
après les bombardements allemands.

Dans ce climat de passion patriotique, les journaux – soumis d'ailleurs à la censure – s'expriment avec démesure. On sacre le général Joffre, auquel on attribue tout le mérite de la victoire de la Marne. On oublie les généraux Lanrezac et Gallieni qui ont pourtant joué un rôle majeur.

On lit, dans *Le Radical de Marseille*, cette prière au généralissime :

« Notre Joffre qui êtes au feu, que votre nom soit sanctifié, que votre victoire arrive, que votre volonté soit faite sur la terre comme dans les airs. Donnez-leur aujourd'hui votre poing quotidien ; redonnez-nous l'offensive, comme vous l'avez donnée à ceux qui les ont enfoncés, et ne nous laissez pas succomber à la teutonisation, mais délivrez-nous des "Boches". Ainsi soit-il. »

« Les mots ensevelissent la réalité cruelle de la guerre, mais tout à coup la confidence d'un soldat en révèle un aspect. Il dit des prisonniers isolés, chez nous comme chez eux, ça ne se garde pas, ça se fusille tout de suite… »

Et cette confidence jette le trouble, d'autant plus qu'on ne réussit pas à suivre l'évolution de la situation.

Les communiqués officiels restent dans le vague. Mais un nom de village ou de ville dévoile que l'on ne se bat plus seulement dans l'Aisne, mais en Picardie, qu'on livre bataille autour d'Arras, qu'Anvers est encerclé, que Lille est menacée.

Les deux armées, française et allemande, ont essayé de se « déborder », de « tourner » l'adversaire et les régions du nord de la France ont été envahies.

Dans cette « course à la mer » – chaque armée voulant « envelopper » l'autre, l'Oise, la Somme, le Pas-de-Calais, l'Yser, les Flandres sont devenus le théâtre de combats impitoyables.

Mais cette guerre de mouvement, d'offensive à outrance, est brisée par le « feu »: l'artillerie, les mitrailleuses tuent des dizaines de milliers d'hommes en quelques heures – et parfois minutes.

Alors on s'enterre ! On creuse un trou, on s'y enfonce pour échapper à la mitraille, aux balles, aux éclats d'obus.

Les trous individuels se multiplient, deviennent des tranchées qui se ramifient, s'entourent de fils de fer barbelés. Mais quand l'artillerie vise juste, elle massacre ces hommes entassés, les déchire, les enfouit.

Les survivants, les sections qui viennent remplacer les morts, construisent des parapets avec les cadavres de leurs camarades. Le sang suinte de la glaise. Une main, une jambe sortent de terre, on y accroche des bidons.

On survit – entre les morts.

« Les morts forment des monticules que l'on brûle, écrit Céline.

« On peut traverser la Meuse à pied ferme sur les corps allemands de ceux qui tentèrent de passer et que notre artillerie engloutit sans se lasser.

« Il y a des villages dont on ne peut approcher tellement l'odeur qui s'en échappe est violente, il n'y a pas un puits où il n'y ait un cadavre. »

L'heure de la soupe dans une tranchée.

Telle est la guerre en ces premiers jours d'octobre, même si on ne peut la réduire à ces hécatombes, à ces cadavres qui pourrissent dans la glaise des tranchées, et rappellent aux vivants qu'ils sont promis à la mort.

Il y a la guerre navale que se livrent sur toutes les mers les croiseurs anglais et allemands.

Mais ce que craint d'abord la Royal Navy, ce sont les *Untersee-boote* – les sous-marins allemands, les *U-boote.*

Ainsi, le dimanche 22 septembre, le U-9 torpille en mer du Nord trois croiseurs anglais : 700 survivants sur 2 200 hommes d'équipage.

« On a perdu plus d'hommes que Nelson dans toutes ses batailles », commente l'amiral Fisher.

La guerre devient cette tuerie de masse qui ne connaît plus de frontières.

On s'affronte sur terre, sur mer et dans la profondeur des océans.

Le premier combat aérien a lieu le 5 octobre 1914 au-dessus de Reims. Un *aviatik* est abattu à la carabine par deux aviateurs français (Frantz et Quenault).

Des *taubes* survolent Versailles en ce début octobre, d'autres lâchent des bombes sur Paris.

La guerre s'étend aux territoires coloniaux, de l'Afrique noire à la Nouvelle-Guinée.

Aucun continent n'échappe au conflit, c'est la Première Guerre mondiale. Et pour emporter la décision, on plie la science, la technique aux nécessités de la guerre. Mitrailleuses, canons, véhicules motorisés et blindés – dès 1914, on conçoit et commence à fabriquer des tanks.

On recherche tout ce qui peut tuer.

Dans les laboratoires de l'industrie chimique, on tente de mettre au point des gaz asphyxiants.

Qui pense à la paix en ces premiers mois de guerre ?

Le pape Benoît XV, mais, lorsqu'il ordonne une journée de prières pour la paix, le cardinal de Paris Léon Amette précise aux fidèles : « En priant pour la paix nous prions donc pour la victoire de la France et des Alliés ! »

L'amour de la patrie l'emporte sur la fraternité des croyants.

Et la voix de Romain Rolland qui, pour rester fidèle à son humanisme, séjourne en Suisse, « au-dessus de la mêlée », est elle aussi inaudible tant la volonté de défendre la patrie est puissante.

En Allemagne, c'est la même atmosphère.

Quelques députés socialistes persévèrent dans leur opposition à la guerre, mais tout ce que le pays compte d'intellectuels défend l'engagement patriotique.

L'Appel au monde civilisé qu'ils lancent le 3 octobre 1914 réfute toutes les accusations portées contre l'Allemagne.

« Comme représentants de la science et de l'art allemands devant les mensonges et les calomnies au moyen desquels nos ennemis s'appliquent à salir la pure cause de l'Allemagne dans le combat livré pour l'existence auquel nous avons été contraints...

« Il n'est pas vrai que l'Allemagne soit coupable de la guerre...

« Il n'est pas vrai que nous ayons violé criminellement la neutralité de la Belgique...

« Il n'est pas vrai qu'un seul citoyen belge ait reçu d'atteinte de nos soldats, soit dans sa vie, soit dans ses biens, sans que le cas de légitime défense les y ait cruellement contraints...

« Il n'est pas vrai que la rage aveugle de nos troupes ait brutalement détruit Louvain...

« Il n'est pas vrai que la manière dont nous faisons la guerre soit en contradiction avec le droit des gens...

« Il n'est pas vrai que le combat livré contre notre prétendu militarisme ne soit pas un combat livré contre notre civilisation, comme nos ennemis le prétendent hypocritement. Sans le militarisme allemand, la civilisation allemande aurait disparu de la terre depuis longtemps... L'armée allemande et la nation allemande ne font qu'un. Ce sentiment fait aujourd'hui de 70 millions d'Allemands autant de frères sans distinction d'éducation, de classe et de parti...

« [...] À vous qui nous connaissez ; à vous qui jusqu'ici, en commun avec nous, avez exercé la protection des plus nobles biens de l'humanité, nous vous crions :

« Croyez-nous ! Croyez que dans ce combat nous lutterons jusqu'au bout comme un peuple civilisé, à qui l'héritage d'un Goethe, d'un Beethoven et d'un Kant n'est pas moins sacré que son foyer et son sol. Nous en répondons devant vous sur notre nom et notre honneur. »

La liste des 93 signataires mêle Gerhart Hauptmann, prix Nobel de littérature 1912, à des poètes, des peintres, des écrivains, des universitaires, des professeurs de théologie, d'histoire ecclésiastique.

Romain Rolland répondit à Hauptmann : « Je me refuse à rendre l'ensemble de l'Allemagne responsable des crimes de ses maîtres. Hauptmann se solidarise avec eux. Il prosterne le droit aux pieds de la force... Il ne peut comprendre qu'un Français soit plus fidèle que lui au vieil idéalisme allemand qu'écrase l'impérialisme prussien. »

Dans sa séance du 29 octobre 1914, l'Académie française répond au *Manifeste* des intellectuels allemands :

« L'Académie française proteste contre toutes les affirmations par lesquelles l'Allemagne impute mensongèrement à la France ou à ses Alliés la responsabilité de la guerre.

« Elle proteste contre les négations opposées à l'évidente authenticité des actes abominables commis par les armées allemandes.

« Au nom de la civilisation française et de la civilisation humaine, elle flétrit les violateurs de la neutralité belge, les tueurs de femmes et d'enfants, les destructeurs sauvages des nobles monuments du passé, les incendiaires de l'université de Louvain, de la cathédrale de Reims, qui voulaient aussi incendier Notre-Dame de Paris. »

Les académiciens ajoutent :

« Avec une émotion profonde, l'Académie envoie son salut à nos soldats qui, animés des vertus de nos ancêtres, démontrent ainsi l'immortalité de la France. »

Personne en France ou en Angleterre ne relève l'accusation portée par les intellectuels allemands en conclusion du point n° 5 de leur manifeste :

« La prétention d'agir en défenseurs de la civilisation européenne, écrivent-ils, sied à ceux-là moins qu'à personne, eux qui s'allient aux Russes et aux Serbes et font voir au monde cet outrageux spectacle d'une meute de Mongols et de nègres lancés par eux contre la race blanche. »

Personne dans la presse française pour dénoncer le racisme des Allemands, personne pour exalter et magnifier le sacrifice des soldats issus des « colonies » françaises ou anglaises. Et au contraire, dans ces territoires, notamment au cœur de l'Afrique, chaque camp mobilise ses « indigènes » contre les « coloniaux » blancs de l'autre camp.

En fait, de part et d'autre, on conforte l'*union sacrée* autour de l'armée, ce glaive et ce bouclier de la patrie.

Chacun accuse l'autre de détruire la « civilisation » et d'être responsable de la guerre.

Comment pourrait-elle ne pas aller jusqu'au bout d'elle-même, c'est-à-dire la défaite totale de l'un ou l'autre camp ?

29.

La guerre continue donc, et d'autant plus que le pouvoir politique – président de la République, gouvernement, parlementaires – est loin du front, réfugié à Bordeaux, depuis le 2 septembre, avec la réserve d'or de la Banque de France.

Le généralissime Joffre veut être le seul maître de ses décisions.

Il refuse le contrôle des ministres ou des parlementaires.

C'est lui qui, à la fin du mois d'août, a insisté pour que le président de la République quitte Paris.

À Poincaré qui, plus tard, le lui reproche, Joffre répondra, fort du prestige et du poids que lui donne la victoire de la Marne :

« Je vous ai conseillé de partir, je ne vous ai pas conseillé de foutre le camp. »

À Bordeaux, Poincaré a été, à son arrivée, acclamé par la population. Mais très vite, les Bordelais découvrent le désarroi des hommes politiques, leur défaitisme, le désordre et le goût de l'intrigue.

Les nouvelles du front sont rares, les télégrammes arrivent avec retard, les messages ne peuvent être décryptés, le « chiffre » ne fonctionne pas.

Les « ministères » se sont installés dans les grands hôtels du cours de l'Intendance.

Poincaré réside à la préfecture, le président du Conseil, Viviani, est à l'hôtel de ville.

On entreprend des travaux, dans les salles de café-concert – L'Alhambra et L'Apollo –, afin d'y accueillir la Chambre des députés et le Sénat.

Le gouvernement se réunit chaque matin.

On palabre, on ne décide rien d'important.

Viviani est « énervé, distrait, ne dirige rien, ne conclut rien », juge Poincaré.

Quant au ministre de l'Intérieur, Malvy, il tient table ouverte au restaurant du Chapon Fin.

Aristide Briand.

On intrigue.

On prétend que Caillaux, à Paris, complote en faveur de la paix, que le général Gallieni, entouré de journalistes et de personnalités restés dans la capitale, prépare un coup d'État. On s'inquiète de sa popularité.

Deux ministres, Aristide Briand et Marcel Sembat, obtiennent au lendemain de la bataille de la Marne l'autorisation de se rendre à Paris puis au Grand Quartier général. Le prétexte est l'élévation à la grand-croix de la Légion d'honneur du général Maunoury.

En fait, les deux ministres veulent s'assurer de la loyauté de Gallieni.

Après avoir rencontré le gouverneur de Paris, ils sont persuadés que Gallieni n'a comme objectif que de mettre le « camp retranché » à l'abri d'un retour offensif de l'ennemi.

Mais Gallieni, et plus encore Joffre sont hostiles à tout retour des pouvoirs publics dans la capitale. Les généraux sont fidèles à la République, et patriotes, mais ils veulent garder les mains libres et choisir leur stratégie.

Que les hommes politiques restent à Bordeaux !

L'atmosphère, malgré la victoire de la Marne, s'est alourdie.

Le 21 septembre, Poincaré, impatient de rentrer à Paris, s'interroge devant les ministres :

« Pourquoi, mais pourquoi restons-nous à Bordeaux ? Nous n'avons plus de motifs de prolonger notre séjour en Gironde. »

Et le président de la République note la réponse du ministre de la Guerre Millerand :

« Peut-être, mais Joffre préfère que nous restions encore ! »

Les ministres vont donc continuer à intriguer, à recevoir les « financiers » et les « spéculateurs » qui assiègent les services des ministères repliés eux aussi, pour obtenir des commandes de guerre.

Et cependant, non loin du cours de l'Intendance où l'on rencontre les hommes politiques, on débarque sur le quai de la gare Saint-Jean les blessés allongés sur des brancards. Des infirmières et d'élégantes dames d'œuvres – elles ont jeté sur leur robe de prix une cape bleue et enserré leurs cheveux dans une coiffe blanche – se penchent sur ces corps meurtris.

On a pu voir sur ce quai Georges Clemenceau interpeller les officiers s'indignant que l'on ait fait voyager ces blessés dans des wagons à bestiaux. Avait-on pensé à désinfecter les parois, les planchers ? Il était médecin, répétait-il. Il savait combien les risques de tétanos étaient grands. Est-ce que les services de santé de l'Armée s'étaient souciés de cela ? Clemenceau menace d'écrire dans *L'Homme libre* ce qu'il vient de voir. Et si la censure le bâillonne, son journal s'intitulera *L'Homme enchaîné*, mais il ne capitulera jamais.

Jacques Bainville, l'un des chroniqueurs de *L'Action française*, disciple de Maurras, donc d'opinions opposées à celles de Clemenceau, partage les indignations du radical.

« La vie à Bordeaux, écrit-il, est d'une insupportable platitude pour tout ce qui garde un peu de sang dans les veines.

« Le gouvernement est invisible et muet : il est sûr que la vie s'est retirée de là et le personnel en a lui-même conscience. J'ai aperçu aujourd'hui le président Poincaré au fond d'une automobile : il a vieilli de dix ans depuis la guerre. La fuite à Bordeaux a été une faute énorme dont les effets ne se répareront pas. Mais de quelles angoisses la fuite n'a-t-elle pas dû être précédée !

« Nous avons eu raison de ne publier aucune édition de *L'Action française* à Bordeaux...

« On ne songe qu'à regagner Paris ; les journaux et les journalistes n'ont plus rien à faire ici ! »

Poincaré obtient enfin de Joffre l'autorisation de se rendre à Paris et, de là, sur les champs de bataille de la Marne.

Le 5 octobre, le président est reçu au Quartier général de Romilly-sur-Seine.

Entre Joffre, silencieux ou parlant d'une voix monocorde, ensommeillée, et le président de la République, il n'y a aucun mot, aucun geste chaleureux.

Joffre, raconte Poincaré, « n'a pas l'esprit plus vif qu'à l'ordinaire ».

Quand Joffre et les généraux parlent, c'est pour se plaindre de manquer de munitions, de canons lourds.

Poincaré paraît emprunté au milieu de ces hommes en uniforme.

Il a adopté une mise étrange, comme s'il s'était composé une tenue : vareuse boutonnée jusqu'au col, casquette de chauffeur, manteau bleu.

En visitant le front, Poincaré ne prend pas la parole face aux « poilus ».

« Quand nous repartîmes, raconte un proche de Poincaré, deux ou trois cailloux roulèrent sous notre voiture. Il y a parmi ces braves gens, voulus-je expliquer, quelques terrassiers de banlieue d'assez fâcheux esprit.

« — Ils sont mécontents et vous aussi, je le vois bien, commente Poincaré. Vous attendiez de moi une harangue.

« — Quelques mots auraient suffi.

« — Vous allez me reprocher encore de ne pas être du Midi. Que voulez-vous, un Lorrain, même en revenant de Bordeaux, ne sait guère improviser en plein air, surtout s'il est ému. »

Poincaré couche à Épernay, dans la chambre qu'a occupée le général von Bulow.

Il découvre les tranchées, les territoires reconquis. Des soldats sont silencieux, épuisés. On les devine désespérés mais résolus. Les villages sont détruits, la population erre, démunie. Poincaré semble impassible.

« Un chef d'État n'a pas le droit, dans l'exercice de ses fonctions, d'avoir les yeux humides », dit-il.

De retour à Paris, il parcourt les pièces de l'Élysée, sorte de palais abandonné.

Le 9 octobre, il est à Bordeaux, bien décidé à regagner la capitale le plus tôt possible. Mais Joffre, une fois de plus, s'y oppose.

C'est que la guerre de mouvement, la « Course à la mer », a des résultats incertains.

Le « saillant » de Saint-Mihiel – proche de Verdun – est transformé par les Allemands en réduit inexpugnable, devant lequel s'entassent les cadavres de soldats français lancés dans des offensives inutiles.

L'armée belge qui s'est repliée sur Anvers est assiégée, la ville bientôt investie.

On se bat à Arras, Lille est menacée.

André Gide note dans son *Journal*, en ce mois d'octobre 1914 :

« Il ne se passe peut-être pas un jour où l'on ne lise dans les journaux, malgré la censure, de quoi faire douter si nous méritons vraiment de triompher. À vrai dire, aucun des deux pays ne mérite d'écraser l'autre, et l'Allemagne, en nous mettant dans la nécessité de nous opposer à elle, a commis une erreur abominable. »

Albert de Mun.

À son retour à Bordeaux, Poincaré apprend la mort du comte Albert de Mun qui avait suivi le gouvernement et écrivait chaque jour une chronique patriotique dans *L'Écho de Paris*.

Le 10 novembre 1914, Poincaré assiste avec tout le gouvernement à ses obsèques.

« C'était une âme trop noble, note le président. Son ardent catholicisme ne l'empêchait pas de rendre justice à la République. Il n'avait vu en moi que le Lorrain… »

Jacques Bainville, fidèle d'Albert de Mun, écrit :

« Qui sait si Albert de Mun n'a pas succombé à l'anxiété que trahissait son dernier article ? Le mot suprême qu'il a tracé sur le papier, c'était "pessimisme". L'effort qu'il faisait pour se défendre lui-même contre une impression pessimiste et pour conserver au public le ton de confiance où pendant les plus mauvais jours son éloquence l'avait maintenu aura tué Albert de Mun.

« Ainsi le clairon dont le cœur se brise pour avoir trop longtemps sonné la charge… »

La mort d'Albert de Mun, après celle de Jaurès, de Charles Péguy et de centaines de milliers de jeunes hommes qui appartenaient à l'*Active* et étaient donc sous les armes en août 1914, annonce, en ce mois d'octobre, qu'une première phase de la guerre est en passe de s'achever.

30.

En cet automne 1914, rares sont les Français qui estiment que la guerre change de visage.

On avait cru, à la fin septembre, que la victoire de la Marne allait être suivie par la déroute allemande. Et voilà qu'on se bat autour de Lille, d'Arras, de Dunkerque, de Calais.

Et l'on apprend que les Belges qui résistaient à Anvers avec leur roi ont abandonné la ville. Les survivants de leur armée et le souverain se sont réfugiés en France.

Et le 12 octobre, Lille capitule !

La censure minimise l'événement, mais chaque Français se souvient qu'on lui a enseigné qu'en 1792 l'entrée des impériaux à Lille avait été une grande défaite.

Alors ? Dans cette succession d'offensives, de contre-attaques où les Anglais, les Belges, les Néo-Zélandais combattent aux côtés des fusiliers marins français, qui l'emporte ?

« L'Allemand s'accroche en France, écrit Jacques Bainville. Il s'enfonce dans le sol français comme des tiques dans la peau d'un cheval. Il nous manque toujours de la grosse artillerie pour le déloger de ses tranchées. »

C'est la « mêlée des Flandres », cette guerre qui se déroule dans la vallée de l'Yser, à Dixmude, à Ypres.

Des dizaines de milliers d'hommes sont tués. Les communiqués diffusés par le Grand Quartier général – le général Foch dirige l'ensemble des forces alliées – évoque les actions héroïques des fusiliers marins du contre-amiral Ronarc'h.

Mais l'opinion, en dépit de l'emphase des récits de bataille que publient les journaux, est désorientée et le désarroi, devant cette guerre qui dévore chaque mois près de 60 000 jeunes Français – et autant du côté allemand – devient angoisse, désespoir. Chaque famille française compte des hommes sous les armes, et donc des disparus, des blessés, des morts.

On se défie des communiqués officiels.

On lit *L'Homme enchaîné* de Clemenceau qui, dans chaque numéro de son journal, rappelle qu'il n'est plus libre de publier ce qu'il sait.

Alfred Capus, le directeur du *Figaro*, écrit :

« Pourvu qu'on ne parle en ses écrits ni de l'autorité, ni du gouvernement, ni de la politique, ni des corps constitués, ni des sociétés de crédit, ni des blessés, ni des atrocités allemandes, ni du service des postes, on peut tout imprimer librement sous l'inspection de deux ou trois censeurs. »

Mais quand le maire d'un village apporte à une famille l'avis de décès du fils ou du mari ou du frère, la censure est impuissante ! Et les femmes en noir, épouses ou mères, leurs visages creusés de rides, sont des cris que rien ne peut étouffer.

Et puis, il y a les lettres des soldats, qui, en dépit de la censure, expriment d'un mot les souffrances qu'ils subissent.

On s'inquiète aussi des difficultés croissantes de la vie quotidienne : des queues se forment devant les boulangeries, les épiceries.

On s'interroge : qui fera les semailles, les moissons, qui usinera les obus ?

Les femmes sont invitées à remplacer les hommes qui défendent la patrie.

Des rumeurs sur l'incompétence des généraux, leur obstination à vouloir lancer des offensives qui laissent des milliers de morts tombés dans les lignes fortifiées allemandes, érodent les certitudes.

Le 5 octobre, Bainville écrit :

« Comme certains on-dit se propagent par ces temps d'émotion populaire avec une rapidité bizarre ! Il y a un mois, il s'agissait des "généraux politiques" – de Percin et de Sauret –, les traîtres responsables de la reddition de Lille et de la défaite de Saint-Quentin. Puis ça a été le tour de récits dont Mme Poincaré était l'héroïne : imposant "sa guerre" au président, selon les uns, et selon les autres déclarant à son mari, au moment du départ pour Bordeaux, que son devoir était de rester à l'Élysée. En ce moment, on murmure de village en village que ce sont les prêtres qui ont voulu la guerre et que l'argent du denier de Saint-Pierre est envoyé à Guillaume II. On désigne même les personnes connues pour leurs sentiments conservateurs et pour leur fortune, et on chiffre leur contribution au trésor de guerre de l'ennemi. Ces odieux racontars ont déterminé dans certaines campagnes de véritables jacqueries. Dans le Périgord, M. d'Arsonval, l'illustre savant, désigné comme réactionnaire parce qu'il est châtelain, a failli être assassiné. Sous l'union nationale et la réconciliation sacrée, la guerre civile rôde sans relâche.

« En même temps, le bruit se répand que nonobstant la circulaire du ministre de l'Instruction publique, de nombreux maîtres d'école, à la rentrée des classes, ont adressé aux petits enfants de France une allocution humanitaire. L'ignorance alimentée par un imbécile amour-propre est incorrigible. »

C'est Bainville, le disciple de Maurras, qui s'exprime.

Au vrai, les « maîtres d'école » sont au front souvent officiers de troupe et héroïques combattants.

Mais les propos de Bainville révèlent la dégradation, dès cet automne 1914, du climat d'*union sacrée*.

Et les hommes politiques perçoivent ce changement d'atmosphère.

Poincaré se rend plusieurs fois à Paris et sur le front.

Il remet à Joffre la médaille militaire et, dans son discours, il insiste sur le rôle du gouvernement, la nécessité du retour à Paris, et répète comme pour s'en convaincre : « Cette armée ne se confond-elle pas avec la France elle-même ? »

C'est donc aux hommes politiques de fixer les perspectives générales de la guerre.

Il obtient de Joffre que le gouvernement puisse rentrer à Paris au mois de décembre.

Mais ce qui importe à Poincaré, c'est que « cette armée » en finisse avec l'Allemand, le boute hors de France.

Lorsque le président de la République rencontre Foch, déjeune avec lui le 2 novembre, à Cassel, Foch confie que le président est tombé en pleine bataille.

Il était « gris et piqué, il voulait sa victoire et ne l'avait pas encore ».

Le maréchal Ferdinand Foch.

Foch – polytechnicien comme Joffre – a été un partisan déterminé de l'offensive, mais c'est d'abord un réaliste qui comprend que les Allemands ont une puissance de feu telle que lancer des régiments à l'assaut, c'est les envoyer à une mort certaine. Son chef d'état-major, le lieutenant-colonel Maxime Weygand, partage les conclusions de Foch.

En face, le commandement allemand arrive aux mêmes conclusions.

Lors de la première bataille, dans la basse vallée de l'Yser, Falkenhayn a envoyé des dizaines de milliers de jeunes étudiants volontaires à l'assaut.

Les Belges ayant détruit les digues, l'inondation a bloqué l'assaut allemand.

Dans ce terrain spongieux, cette boue teintée de sang sous une pluie battante, les étudiants volontaires ont été massacrés.

À Ypres, autour de Langemark, dans les derniers jours d'octobre, l'état-major allemand a de nouveau envoyé les étudiants volontaires à l'assaut. Et chargeant en chantant et en rangs serrés, ils ont eux aussi été massacrés. Ce sont près de 50 000 jeunes hommes venus de toutes les universités allemandes qui sont tombés dans ces assauts.

C'est « *Kindermord bei Ypern* », le « massacre des enfants d'Ypres ».

Ils sont entrés dans la légende du nationalisme allemand et leur sacrifice a été exalté par les nazis.

Hitler, qui s'est engagé à Munich dans l'armée allemande – bien qu'autrichien –, aurait participé à cette bataille d'Ypres, gravée dans la mémoire allemande.

C'est ainsi que les guerres s'enfantent les unes les autres...

Les pertes des « Alliés » cumulées sont aussi élevées que les pertes allemandes: 24000 Britanniques sont morts et autant de Français.

À Langemark, seule la mort fut victorieuse.

Le général von Falkenhayn donne l'ordre d'arrêter l'offensive. Les soldats des deux camps élèvent des parapets et creusent des tranchées et s'y enterrent. Elles sont protégées par des fils barbelés. Ainsi, de la Suisse à la mer du Nord, des millions d'hommes se font face, les généraux rêvent toujours d'offensives et envoient des unités au massacre, mais le temps de la guerre de mouvement est terminé.

Il faut tenir, durer, s'entretuer à distance.

L'artillerie prépare l'offensive et surtout la remplace, la rend impossible ou, si l'on s'obstine dans l'illusion de rompre le front ennemi, la condamne à l'échec.

Mais même si la guerre de mouvement a cessé, elle est un enfer que seuls les témoignages de ceux qui y sont condamnés peuvent permettre d'imaginer.

Bainville recueille ainsi les confidences d'un officier qui, bien qu'âgé de près de 60 ans, a repris du service.

Il revient du champ de bataille de Flandre.

« La vie du soldat dans les tranchées est, là-bas, terrible, dit-il. D'abord les tranchées, aux environs d'Ypres et de Dixmude n'ont pas pu être creusées avec le soin qu'on y a mis ailleurs, étant donné que la bataille a été incessante. Ce sont de véritables trous où le soldat doit se tenir accroupi, les nerfs ébranlés par une canonnade continuelle. Les hommes sont relevés tous les trois jours. Ils sortent de là dans un état de fatigue physique et surtout morale indescriptible, quelques-uns presque hébétés.

« Ces jours derniers, l'ordre vint de sortir de nos tranchées pour occuper une tranchée ennemie. Pour la première fois, nos hommes refusèrent de marcher. On les menaça du peloton d'exécution. "Nous aimons mieux être fusillés, répondirent-ils, que d'aller pourrir comme nos camarades." En effet, quelque temps auparavant, la même attaque avait été tentée. Les nôtres s'étaient embarrassés dans les réseaux de fil de fer tendus par l'ennemi et, après la retraite des survivants sous un feu meurtrier, les blessés étaient restés entre les tranchées françaises et les tranchées allemandes sans que, ni d'un côté ni de l'autre, on pût aller les secourir. Les malheureux avaient agonisé pendant des journées entières, et leurs cris, leurs plaintes avaient déchiré les oreilles de leurs compagnons d'armes jusqu'à ce que le silence se fût fait sur le charnier.

« Les scènes d'horreur sont fréquentes aussi dans les trains sanitaires. Le jeune F..., gravement malade, probablement d'une fièvre typhoïde larvaire, a voyagé pendant huit jours, du front jusqu'à Béziers. Son wagon, où les hommes mouraient sans soin, appelant leur femme et leur mère, était digne de *L'Enfer* de Dante. Le malheureux jeune homme en a conservé une vision d'épouvante et reçu une secousse qui aggrave sa maladie.

« La mort est notre voisine de tous les jours...

« Et pour la première fois, j'ose transcrire ici ce qu'on murmure de toutes parts : la difficulté avec laquelle marchent les territoriaux, des hommes de 35 à 40 ans, mariés, pères de famille qui "regardent en arrière plutôt qu'en avant", et dont beaucoup ont dû être fusillés, les officiers mêmes ayant donné l'exemple de la débandade en beaucoup d'endroits… Pauvre peuple souverain ! Pauvres électeurs !… Voilà pourtant la “nation armée”.

« Par exemple, la *Landwehr* et le *Landsturm* marchent infiniment moins bien que nos territoriaux, nos “terribles toriaux”, comme dit l'esprit populaire. »

Ce témoignage sur la « cruauté » implacable de la guerre ne décrit pas l'enfer quotidien de la vie dans les tranchées.

Il faut évoquer la boue glaciale de l'Yser, cette boue mêlée de sang qui aspire les jambes.

« C'est de la boue et du cadavre, dit d'une voix lente un poilu. Les vieux morts réapparaissent par morceaux. »

On vit avec les rats, les « maîtres de la position… C'est par centaines qu'ils pullulent dans chaque débris de maison. Je passe là des nuits terribles recouvert totalement par mes couvre-pieds et ma capote, confie un officier de troupe. Je sens pourtant ces bêtes immondes qui me labourent le corps. Ils sont parfois quinze à vingt sur chacun de nous après avoir tout mangé, pain, beurre, chocolat, ils s'en prennent à nos vêtements. Impossible de dormir dans de telles conditions.

« Ces rats énormes sont aussi gras de viande humaine. Ils se nourrissent des cadavres. »

Un soldat raconte :

« Je rampais vers un mort. Le casque avait roulé. L'homme montrait sa tête, grimaçante, vide de chair ; le crâne à nu, les yeux mangés. Un dentier avait glissé sur la chemise pourrie et de la bouche béante une bête immonde avait roulé[1]. »

Et cependant, ces hommes qui savent que la mort les guette, qui ont vu les entrailles de leurs camarades frappés par un éclat d'acier, ces « poilus » accrochés à la terre de leur patrie résistent, contre-attaquent.

Le 2 novembre 1914, « jour des morts », toute la France communie au pied des tombes, dans le souvenir de ceux qui sont tombés pour la patrie.

« Dans la France envahie et ravagée, le sentiment et l'intelligence du national retrouvent toute leur réalité », écrit le monarchiste Jacques Bainville. Et les républicains partagent ces propos.

« Il faut bien devant l'ennemi sentir que ce qui unit par-dessus tout, c'est le fait de vivre ensemble sur la même terre et de la même terre avec les mêmes biens spirituels et matériels à défendre. »

Et dans les tranchées, comme à l'arrière, on sait bien désormais que la victoire ne viendra pas des « Cosaques » entrant à Berlin !

Le sort de la guerre se jouera entre Français et Allemands du Territoire de Belfort aux villages des Flandres.

Car, sur le front russe, le front autrichien et le front serbe, si la guerre de mouvement continue, la situation est incertaine.

---

1. Il faut lire les récits d'Henri Barbusse (*Le Feu*, 1916) et de Roland d'Orgelès (*Les Croix de Bois*, 1919).

Les Russes ont été battus par les troupes du général Hindenburg. Mais les Austro-Hongrois ont été vaincus par les Russes qui menacent d'envahir la Hongrie. Et des renforts allemands sont envoyés du front français au front autrichien.

Quant à l'armée serbe, elle bat à plusieurs reprises les Autrichiens.

Ces victoires sont précaires, et l'entrée en guerre de la Turquie – déclaration des Alliés le 3 novembre 1914 – rend difficile la situation de la Russie, enfermée dans la mer Noire sans pouvoir être secourue.

La France doit donc d'abord compter sur elle-même.

Poincaré est déterminé à rentrer à Paris.

« Nous vivons sous la tyrannie de Joffre, répète-t-il. Et elle est dure ! »

Le président de la République soupçonne même le généralissime de dresser l'opinion contre lui.

« On me reproche d'avoir abandonné une ville qui m'avait tant aimé et de l'avoir sacrifiée », dit-il le 12 novembre 1914.

Il veut que l'autorité politique impose ses vues aux généraux. Pour cela, il faut que le gouvernement rentre à Paris.

Le 25 novembre, Poincaré quitte Bordeaux et arrive dans la capitale le 26 à 8 heures du matin.

SEPTIÈME PARTIE

DÉCEMBRE 1914

31.

À Paris, en cette fin d'année 1914, « la vie de société reprend », constate un journaliste de *L'Illustration.*

« La ville se ranime légèrement et certains quartiers, celui de l'Opéra, celui de la gare Saint-Lazare, retrouvent presque, entre 4 et 6, leur aspect d'antan. Les femmes visitent de nouveau les magasins, quoique cette année la mode chôme, excepté pour les chapeaux qui ont tendance à emprunter une allure militaire : le bonnet de police en fourrure est en faveur. De quelles extravagances de luxe la guerre aura-t-elle fait passer à cette simplicité ?

« Une grande douceur du moment est de se retrouver entre amis. Il y a tant de funestes nouvelles, tant de visages qu'on ne reverra pas. »

On ne peut donc oublier la guerre. Des taubes bombardent Paris et les tranchées des « Boches » ne sont pas loin.

Elles serpentent dans la Champagne crayeuse. Les canons lourds « teutons » continuent de viser Reims et la cathédrale.

Jacques Bainville, bien informé, assure que le général Joffre demande 500 000 hommes pour arriver à chasser les Allemands de France.

« Le fait est qu'il importe d'en finir, note Bainville. L'envahissement depuis trois mois qu'il dure prend le caractère d'une véritable occupation. Je lis dans les journaux allemands qu'une Commission impériale des mines est nommée pour établir le régime de la métallurgie dans le bassin de Briey. La presse française ne souffle pas mot de cela. »

Mais que rapporte-t-elle de la vérité cruelle des conditions de vie des poilus, de l'effrayante sauvagerie des combats ? Et souvent de l'inutilité des affrontements, quand on se lance à l'assaut pour conquérir quelques mètres carrés, perdus le jour suivant. Et les corps des soldats morts restent accrochés aux fils de fer barbelés.

Un officier confie :

« La nuit, les "Boches" continuent de promener sur nous la lumière de leurs phares (ils en ont de toutes sortes) et d'envoyer de magnifiques fusées éclairantes. »

Puis vient l'aube, l'attente.

« De temps à autre, nous faisons une attaque ou nous en repoussons une. Que ce soit eux, que ce soit nous, c'est le même principe : douze ou vingt-quatre heures de bombardement, après quoi on essaye de faire sortir les fantassins des tranchées. Alors les mitrailleuses crachent la mort avec une rapidité foudroyante. Chaque attaque suivie d'une contre-attaque. Si une tranchée est perdue, elle est reprise : quelques centaines d'hommes abattus et aucun résultat. Car telle est la guerre moderne : tout consiste à remuer de la terre, et c'est à qui creusera le plus. Contre ces tranchées profondes, l'artillerie est impuissante. Pour que l'obus fasse du mal à l'adversaire, il faut qu'il tombe non pas sur le bord, mais dans la tranchée, et le hasard seul peut produire ce résultat. Nous sommes donc terrés les uns en face des autres, sans qu'il soit possible de prévoir la solution de cette véritable guerre de siège et d'épuisement. Il est absolument impossible que les Allemands enfoncent nos lignes et, pour nous, il faudrait un bon élan pour rompre la barrière qui est de moins en moins forte, j'en suis sûr. Cet élan, la division de réserve à laquelle j'appartiens ne peut le fournir, car elle a été très éprouvée et n'a plus confiance dans les attaques que nous tentons de temps à autre.

« En mission officielle à Reims – à la fin du mois de novembre 1914 –, "un civil", Pierre Lalo, est reçu au quartier général de Foch.

« — Si le cœur vous en dit, proposa Foch, vous allez pouvoir assister à un beau spectacle.

« Quelques heures plus tard, une division de la garde prussienne était surprise dans une vallée. Notre artillerie s'étant défilée sur les hauteurs environnantes la couvrit d'abord d'obus. Ensuite, le feu fut dirigé en arrière de manière à couper la retraite à l'ennemi.

« À ce moment, deux régiments de turcos mis en réserve furent lancés contre la garde. Lalo vit les soldats noirs se défaire rapidement de leurs chaussures puis, pieds nus, avec une terrible agilité, se lancer contre les Prussiens, la baïonnette d'une main, une sorte de sabre-poignard de l'autre. Ce qu'il restait de la division de la garde fut anéanti en une demi-heure d'un carnage terrible et fantastique. Cela se passait entre la Pompelle et Prunay. »

Les pertes allemandes, en ces deux derniers mois de l'année 1914, sont en effet « terribles ».

Les jeunes volontaires sont sacrifiés dans les combats de l'Yser. Ernst Jünger échappe à l'hécatombe, car son régiment tient une portion du front en Champagne.

Jünger découvre la vie dans les tranchées. La première nuit passée dans « un simple trou de craie » suffit à le déniaiser.

« Quand l'aube vint, écrit-il, j'étais blême et barbouillé d'argile comme les autres; il me semblait avoir déjà passé des mois dans cette existence de taupe. »

Il vit les premières expériences du feu.

Il subit les jurons d'un caporal:

« Silence, nom de Dieu, vous croyez peut-être que les *Franzosen* ont de la merde dans les oreilles ?... »

« L'incertitude de la nuit, le papillotement des fusées éclairantes, les lents vacillements des feux de file suscitent une nervosité qui nous maintient dans une singulière vigilance, note Jünger. Par instants, une balle perdue passe avec un chantonnement frais et léger, pour s'égarer au loin.

« Vie éreintante, les gardes, les patrouilles, les corvées se succèdent. On dort par séquences de deux heures.

« On se réveille parfois au milieu d'une flaque d'eau profonde de plusieurs centimètres. »

Dans chaque camp, les généraux les plus lucides qui connaissent le nouveau visage de la guerre, contestent l'idée que l'offensive à outrance, c'est la clé du succès. Mais les généraux Joffre et Foch, forts de la victoire de la Marne, continuent d'en être partisans.

Le général Fayolle, comme le général de Castelnau, tente souvent en vain de s'opposer à Joffre qui explique que les offensives usent les « Boches ». « Je les grignote », répète Joffre qui semble ne pas se rendre compte qu'à tenter de « grignoter » l'ennemi on y perd des milliers d'hommes comme une souris brise ses dents à vouloir mordre un piège en acier.

« Jamais je n'ai entendu autant de bêtises, note le général Fayolle, après avoir écouté Joffre et les partisans de l'offensive. Attaquez, attaquez, c'est bien vite dit ! Autant vaudrait renverser à coups de poing un mur de pierres de taille... La seule façon de réussir à leurs yeux, c'est de faire tuer du monde ! »

Cependant, peu à peu, hécatombe après hécatombe, la prudence s'impose.

Joffre décide d'attendre l'arrivée sur le front de l'artillerie lourde en fabrication, et les obus pour les canons de 75.

Le nombre d'obus usinés passe ainsi de 13 000 par jour à la veille de la guerre à 40000 pendant la bataille de la Marne. Joffre exige d'en recevoir 80000 par jour en janvier 1915.

Alors on pourra reprendre l'offensive.

Mais l'essentiel reste la « chair à canon », les hommes.

La classe 14 (20 ans en 1914) est partie en novembre 1914 et ira au feu, au début de l'année 1915. La classe 15 est sur le point d'être levée et sera instruite pour le mois de mars. En même temps, on verse dans le service armé les hommes des services auxiliaires, les exemptés et les réformés ! Les territoriaux sont déjà au front.

« Bref, c'est le commencement de la levée en masse, commente Jacques Bainville. Tout cela est accepté par la population avec un grand courage et une sorte d'étonnement ; la croyance était si répandue, si forte au mois d'août que la guerre était une affaire de deux mois, trois au plus… Un commerçant me raconte qu'il était passé dans son quartier pour un pessimiste et presque pour un mauvais citoyen parce qu'il avait dit, au moment de la mobilisation, que la guerre durerait plus longtemps qu'on ne le croyait et que tout le monde finirait par partir.

« Cependant, les nécessités de la situation sont acceptées sans murmure », conclut Bainville.

Mais, puisque la guerre dure, il faut que les institutions recommencent à fonctionner. Les hommes politiques républicains ne veulent pas abandonner le pouvoir aux généraux !

Ainsi, le gouvernement décide de fixer au 22 décembre la réunion du Parlement.

Poincaré se réinstalle au palais de l'Élysée le 10 décembre.

Le gouvernement décide qu'un congé sera accordé aux sénateurs et aux députés pour leur permettre de participer aux délibérations parlementaires.

Ils peuvent circuler en uniforme dans les couloirs intérieurs de la Chambre et du Sénat.

Mais il leur est interdit de pénétrer dans la salle publique des séances autrement qu'en tenue civile.

32.

La Chambre des députés en ce début d'après-midi du 22 décembre 1914 est une ruche bruyante qui attend avec impatience l'ouverture de la première séance qui se tient depuis le début de la guerre.

Les loges sont remplies d'un public curieux où se mêlent femmes élégantes et notables.

Les députés vont et viennent, s'agglomérant en petits groupes qui bavardent dans les travées.

Les sièges des trois députés – Goujon de l'Ain, Proust de la Savoie, Nozier de Neuilly-sur-Seine – tués à l'ennemi sont marqués de crêpe avec leurs insignes de député et leur écharpe tricolore.

Les ministres et secrétaires d'État ont déjà gagné leur banc.

Le matin même, l'un d'eux, Abel Ferry, a noté dans son carnet :

« Vu Poincaré. Il m'a semblé assez monté contre les chefs militaires... l'état-major laisse évidemment le président dans l'ignorance des événements militaires. Il en est ulcéré et plus d'une fois reviendront les mots qu'il a souvent prononcés en Conseil des ministres: "Nécessité de rétablir la suprématie du pouvoir civil." »

Tout à coup, les roulements des tambours de la garde républicaine imposent le silence cependant que des députés rejoignent leur place.

Paul Deschanel, président de la Chambre, entre dans l'hémicycle, gagne le « perchoir ».

Paul Deschanel.

Debout, il commence à parler. L'émotion colore sa voix. Le ton est grave, la diction lente, donnant à chaque mot une force qui suscite les applaudissements des députés et souvent déferle en de longues acclamations.

« Représentants de la France, élevons nos âmes vers les héros qui combattent pour elle !

« Depuis cinq mois, ils luttent, pied à pied, offrant leur vie gaiement, à la française, pour nous sauver.

« Jamais la France ne fut plus grande; jamais l'humanité ne monta plus haut. Soldats intrépides, joignant à leur naturelle bravoure le courage, plus dur, des longues patiences ; chefs à la fois prudents et hardis, unis à leurs troupes par une mutuelle affection, et dont le sang-froid, l'esprit d'organisation et la maîtrise ramenaient nos couleurs en Alsace, triomphaient sur la Marne et tenaient dans les Flandres ; saintes femmes versant aux blessures leur tendresse ; mères stoïques, enfants sublimes, martyrs de leur dévouement ; et tout ce peuple, impassible sous la tempête, brûlant de la même foi ; vit-on jamais en aucun temps, en aucun pays, plus magnifique explosion de vertus ?... »

Les députés se sont levés et, durant plusieurs minutes, acclament, ponctuant de « Bravo ! » et de « Vive la France ! », Paul Deschanel.

Levant la main, le président de la Chambre réclame le silence, puis reprend son discours :

« Ah ! c'est que la France ne défend pas seulement sa terre, ses foyers, les tombeaux des aïeux, les souvenirs sacrés, les œuvres idéales de l'art, de la foi et tout ce que son génie répand de grâce, de justice et de beauté, elle défend autre chose encore : le respect des traités, l'indépendance de l'Europe et la liberté humaine. Oui, il s'agit de savoir si tout l'effort de la conscience, pendant des siècles, aboutira à son esclavage ; si des millions d'hommes pourront être pris, livrés, parqués de l'autre côté d'une frontière, et condamnés à se battre pour leurs conquérants et leurs maîtres contre leur patrie, contre leur famille, et contre leurs frères; il s'agit de savoir si la matière asservira l'esprit et si le monde sera la proie sanglante de la violence. »

Les députés applaudissent cette référence aux Alsaciens-Lorrains, et cette accusation portée contre « l'Empire allemand » qui a violé partout le principe des nationalités et d'abord « en Alsace-Lorraine, nos provinces immolées devenues le gage de ses conquêtes ».

Mais l'Empire allemand sera vaincu car « le monde veut vivre enfin, l'Europe veut respirer. Les peuples entendent disposer librement d'eux-mêmes. Demain ! Après-demain ! Je ne sais pas ! Mais ce qui est sûr, c'est que tous, jusqu'au bout, nous ferons tout notre devoir pour réaliser la pensée de notre race : "Le droit prime la force !" »

Les applaudissements, les acclamations des députés, debout et même contrevenant aux règlements – le public des loges –, saluent la péroraison de Deschanel.

La Chambre vote l'affichage du discours.

Deschanel reprend la parole, fait l'éloge des trois députés tombés au combat, puis dresse le panégyrique d'Albert de Mun, qui avait « dès longtemps prévu le duel certain, inévitable, entre la race slave et la race germanique d'une part ; entre la race germanique et la race anglo-saxonne d'autre part. Il pensa toujours que le devoir vital de la France était de se préparer matériellement et moralement aux grandes épreuves qui pouvaient naître pour elle de ces conflits... Ne nous y trompons pas : ces grandes luttes des races qui nous environnent seront pour des années, pour des siècles peut-être, à travers nos divergences d'ordre philosophique ou social, la raison d'être de notre union ».

Le temps n'est pas à rappeler sur les bancs des députés socialistes la figure de Jaurès, ce « premier mort tombé en avant des armées », et ses efforts vains entrepris pour éviter la guerre.

Le Parlement (Chambre des députés et Sénat) approuve unanimement *l'union pour la victoire* que proclame la déclaration gouvernementale lue par le président du Conseil, René Viviani.

« Elle atteste, dit-il, l'union impérissable du Parlement, de la nation et de l'armée. »

Acclamé, Viviani poursuit :

« Contre la barbarie et le despotisme, contre le système de provocations et de menaces méthodiques que l'Allemagne appelait la paix, contre le système de meurtres et de pillages collectifs que l'Allemagne appelle la guerre, contre l'hégémonie insolente d'une caste militaire qui a déchaîné le fléau avec ses alliés, la France, émancipatrice et vengeresse, d'un seul élan, s'est dressée. Voilà l'enjeu. Il dépasse votre vie. Continuons donc à n'avoir qu'une seule âme et demain, dans la paix de la victoire, nous nous rappellerons avec fierté ces jours tragiques – car ils nous auront faits plus vaillants et meilleurs. »

Ainsi, durant deux jours de séance – les 22 et 23 décembre –, sur tous les sujets que le gouvernement leur présente – vote du budget pour les six premiers mois de l'année, validations d'élections de quatre députés, fixation de la prochaine réunion des Chambres, à la date du 12 janvier 1913, la qualité de Français accordée aux Alsaciens-Lorrains –, le Parlement est unanime.

Le gouvernement fait connaître que les parlementaires mobilisés devront rejoindre leurs unités trois jours après la fin de la session qui s'ouvrira le 12 janvier.

Longue et agréable permission qui englobe les fêtes de Noël et de fin d'année.

La République est généreuse envers ceux qui la représentent.

Quant aux poilus, c'est la guerre, n'est-ce pas ?

Combien de morts depuis le 4 août 1914, quand a commencé le massacre ? 300 000 tués auxquels il faut ajouter quelque 600 000 blessés, prisonniers ou disparus.

Mais quand le nouveau pape, Benoît XV, propose qu'une trêve soit observée le jour de Noël par toutes les armées combattantes, son appel ne reçoit aucun écho.

Et la guerre continue à dévorer les hommes.

33.

C'est la dernière semaine de l'année 1914.

Et la guerre continue de dépecer, de dévorer les hommes.

Noël 1914 dans une tranchée.

Le numéro de l'hebdomadaire *L'Illustration* qui paraît le samedi 26 décembre montre en couverture des soldats, nu-tête, certains agenouillés, entourant un autel de fortune éclairé par une bougie.

L'un des soldats tient son fusil armé d'une baïonnette. Sur les visages se lisent la ferveur, le recueillement, et la légende du dessin indique qu'il s'agit d'un « NOËL AUX TRANCHÉES. La messe de minuit, célébrée par un prêtre-soldat ».

Les échanges de tirs cette nuit-là sont limités à quelques coups de feu isolés.

On dit même qu'il y eut de fait ici et là une trêve tacite. Et pourtant, des hommes moururent cette nuit de Noël, celle de la naissance du Sauveur.

C'est Lui que *L'Illustration* célèbre.

Un dessin intitulé « Les nouveaux Rois mages » montre les offrandes apportées par des soldats.

« Ce sont bien les fils des Rois mages, le Sénégalais, l'Indien, l'Arabe qui offrent leurs humbles richesses à un petit enfant belge veillé dans une ferme de Flandre où les ravages de la guerre n'ont laissé debout que l'étable. Et beaucoup d'entre eux sont accourus vers ce coin du monde où brillait une étoile plus belle. Le soldat français apporte son jouet : un soldat ! L'Écossais joue de la cornemuse... Tous les alliés sont là, apportant au petit enfant belge leur foi, leur dévouement... et la Libération, la Délivrance ! »

Cette représentation de la messe de minuit dans les tranchées, ces soldats qui font revivre les Rois mages doivent persuader le lecteur que « Dieu » veille sur la France et ses alliés. Et peu importe si du côté allemand, on répète les mots gravés sur la boucle du ceinturon « *Gott mit uns* » – « Dieu est avec nous ».

D'ailleurs, tous les articles et les photographies contenus dans ce numéro de *L'Illustration* célèbrent le courage des Français, défenseurs d'une juste cause.

Il faut convaincre que la France est l'agressée – qu'elle est victime des « barbares », qu'elle est le soldat du droit, le preux chevalier de l'humanité – et il faut pour cela parler des souffrances des civils, mais assurer aussi que le soldat français, ses chefs sont les vainqueurs.

Deux photos côte à côte illustrent cette « mise en scène ». L'une montre « la capote d'un soldat atteint par les éclats d'obus ». L'autre, « la capote d'un soldat blessé par une grenade ». Ces vêtements sont lacérés. On imagine les corps des soldats labourés par l'acier brûlant. Mais la légende nous rassure :

« D'IMPRESSIONNANTS ET GLORIEUX HAILLONS – les vêtements sont irréparables, mais les deux blessés sont guéris. »

La guerre peut donc continuer...

Jusqu'à quand ?

Un capitaine anonyme décrit pour *L'Illustration* le parcours qui l'a conduit – pour l'hebdomadaire – d'un quartier général à l'autre.

Les villages et les bourgs sont des amoncellements de ruines.

« On sent que la rage acharnée là n'eut rien d'humain. Fureur de bête qui s'est cru maîtresse et qui, chassée, saccage tout avant de fuir. »

Le capitaine ajoute :

« Plus tard, quand on écrira cette histoire, quelle interminable révélation d'épopée ! Nous appelions 1870 la "guerre". Près de celle-ci, ce n'était qu'un jeu d'enfants. Et tous ces grands chocs passés, qu'est-ce à côté de cette mêlée où des millions d'hommes s'entretuent ? Beau fruit, vraiment, de vingt siècles de civilisation... »

Jusqu'à quand cette guerre et ces souffrances ?

À mi-voix, comme si l'on craignait d'être accusé d'être au service de l'ennemi, on évoque le sort de « C... un beau jeune homme de 28 ans qui a reçu une terrible blessure : il lui sera refusé désormais d'être mari et père. Il est reparti pour le front avec la volonté de se faire tuer... ».

« Dans mon quartier, confie un Parisien, un facteur de la région du Nord, que l'administration des postes a employé à Paris, vient de retrouver sa femme et ses deux filles. Les trois malheureuses, violées par des soldats allemands, sont enceintes... Il n'y a pas de pires atrocités de l'invasion. Comme horreur, l'infortune de ces trois femmes passe les mots. »

C'est le temps des rumeurs.

« Il est certain que Paris fourmille d'espions et de l'espèce la plus dangereuse, assure Bainville. On en dénonce tous les jours des milliers à la Préfecture et à la Place. »

« Le marquis de Maussabré, poursuit Bainville, s'est trouvé avant-hier matin, sur le boulevard, nez à nez avec le général von Schwartzkoppen, l'ancien attaché militaire à l'ambassade d'Allemagne pendant l'affaire Dreyfus. M. de Maussabré a essayé de le suivre et a perdu sa trace aux environs de la Madeleine. La police le recherche. Mais certainement il est déjà loin. »

Vrai ? Faux ?

À relever les propos des personnalités du Tout-Paris qui se retrouvent dans les salons, les rédactions, le milieu politique et les états-majors, on mesure l'incertitude quant à l'évolution de la guerre, et les appréciations contradictoires portées sur les événements et les hommes.

« Nous souffrons en ce moment de ne pas voir encore les événements avec la figure qu'ils auront pour l'avenir », note Bainville dans son *Journal.*

Et alors que la presse salue le discours de Paul Deschanel le 22 décembre à la Chambre des députés, Bainville écrit :

« Le président a prononcé une harangue abominablement rondouillarde où ne manque d'ailleurs pas une pointe contre les grands chefs que l'orateur a rappelés à l'exemple de modestie donné par les généraux de la Révolution qui furent d'ailleurs les plus empanachés qu'on ait vus et dont le plus vraiment simple confisqua la République ! »

En fait, notables, civils, généraux et gens du peuple – dont les proches survivent dans la boue des tranchées – s'interrogent sans cesse sur la durée de la guerre.

Jusqu'à quand ?

À l'état-major de Joffre, on laisse entendre que l'on est arrivé au milieu de la guerre qui devrait ainsi prendre fin vers le mois d'avril 1915.

On assure dans les milieux gouvernementaux que « fin janvier 1915 il n'y aura plus un seul Allemand sur le territoire français ».

Mais on lit dans le *Journal de Genève*, qui affiche ses sympathies pour la France, que jamais l'Allemagne n'a paru plus calme et plus forte.

À Berlin, dont les rues sont parfaitement éclairées, « les principaux hôtels regorgent de monde, on y soupe gaiement, sablant champagne et bordeaux comme aux jours de la plus grande prospérité ».

Le *Journal de Genève* ajoute : « Dans toutes les classes de la population – du petit-bourgeois à l'officier supérieur –, tout le monde est convaincu de la victoire finale...

« De longues listes de disparus et de morts sont affichées à la Dorotheenstrasse, quelques passants s'arrêtent un instant pour les consulter, puis retournent paisiblement à leurs occupations sans paraître autrement affectés des pertes énormes subies par l'armée allemande... »

Ce tableau de la vie en Allemagne est en tous points contradictoire à ce qu'on pense généralement en France.

Mais en cette fin du mois de décembre 1914, on est persuadé que l'Allemagne ne peut plus gagner la partie, mais qu'elle ne peut... être vaincue. La paix ne changera donc rien d'essentiel à l'état de choses préexistant.

« La paix future sera une cote mal taillée », le mot s'est répandu, note Bainville.

« Mais dans cette hypothèse, chacun rentrant chez soi après cette vaine débauche de vies humaines... on se trouve conduit à prévoir une période de guerres nouvelles où l'Allemagne humiliée mais puissante encore et prompte à réparer ses forces, où l'Angleterre tenace, où les nationalités insatisfaites engageraient de nouveau le monde. »

Cet avenir est-ce celui auquel il faut s'attendre ?

« Comme j'écrivais ces lignes, note Bainville, l'aiguille des pendules a franchi minuit.

« Que de rêves se forment sans doute, à cet instant, sur les champs de bataille, aux foyers des absents, d'une Europe affranchie, d'une paix longue et sûre pour 1915.

« Bienfaisante illusion : y attenter serait un crime.

« C'est en secret que l'on confie au papier de pareils doutes. »

Épilogue

L'APRÈS-1914
LE DESTIN DU MONDE

34.

Le 3 janvier 1915, à Paris, le quotidien *Le Matin* titre en lettres capitales qui barrent sa première page :

L'ALLEMAGNE ACCULÉE DANS TROIS MOIS À LA CAPITULATION.

Quelques jours plus tard – le 10 janvier –, Maurice Barrès propose dans un article de *L'Écho de Paris* que les troupes françaises occupent l'Allemagne jusqu'au Rhin, frontière naturelle avec la France.

Des rumeurs publiées dans le *Journal de Genève* le 17 puis le 21 janvier frappent l'opinion.

On prétend que le jour de Noël 1914 des milliers de soldats français et allemands sont sortis de leurs tranchées pour une rencontre fraternelle.

On rapporte les propos qu'aurait prononcés l'ambassadeur de Grande-Bretagne à Paris, Francis Bertie :

« Alliés et Allemands, aurait-il confié, sont incapables de supporter un deuxième hiver dans les tranchées. »

On doute, mais l'on s'accroche encore à cette idée que la guerre cessera au printemps 1915, parce qu'elle est trop cruelle aux soldats, qu'on atteint les limites de la souffrance et de la folie humaines.

La guerre sera une victoire française puisque l'Allemagne est épuisée, au bord de la famine.

Ne dit-on pas qu'on attire les « Boches » en disposant des tartines de confiture devant les lignes françaises ? Il ne restera qu'à les faire prisonniers.

Et on occupera le Reich jusqu'au Rhin !

« Bienfaisantes illusions. »

Mais attaques et contre-attaques se succèdent.

Où sont les signes de la « fraternisation » entre combattants ?

On se bat avec fureur sur l'Aisne, en Argonne, dans les secteurs de Soissons et du Chemin des Dames, en Flandre.

Le quotidien *Le Gaulois* dès le 13 janvier écrit :

« Nous nous replions, mais l'élan de l'ennemi est brisé. »

Ce n'est pas un titre en lettres capitales, mais chacun en comprend le sens.

C'est la fin des « bienfaisantes illusions ».

Les Allemands sont enracinés dans le sol de France. Il faut résister parce que c'est notre terre.

La guerre sera longue et les morts, les disparus, les blessés innombrables.

Pourtant en ces premiers jours de l'année 1915, personne ne pourrait imaginer que les combats se poursuivraient jusqu'au 11 novembre 1918. En août 1914, chacun était persuadé que la guerre ne durerait que quelques mois. On veut encore y croire.

Or la « boucherie » a duré quatre années, impliquant la plupart des nations de tous les continents.

Guerre mondiale, la première, puisque les grands belligérants – France, Allemagne, Grande-Bretagne, Russie – étaient des empires coloniaux.

Et l'on s'est affronté au cœur de l'Afrique comme sur tous les océans.

À l'Italie et aux États-Unis, entrés en guerre en 1915 et 1917, se sont ajoutés les nations de l'Amérique centrale et du Sud, mais aussi le... Siam et des seigneurs de la guerre chinois !

Puis, bouleversement décisif, l'empire des tsars a été submergé en 1917 par la révolution bolchevique. La Russie est sortie de la guerre en 1918 et les armées allemandes qui combattaient sur le front russe ont rejoint le front français. Elles ont lancé leur dernière offensive et, comme en août 1914, elles ont menacé Paris avant d'être refoulées.

Armistice à Rethondes.

L'armistice conclu le 11 novembre 1918 à Rethondes dans la forêt de Compiègne est dicté par l'épuisement des combattants et la crainte de la contagion bolchevique.

Les équipages de la flotte allemande se mutinent. Les officiers d'infanterie ne sont plus sûrs de leurs hommes, qui refusent de s'élancer hors des tranchées pour de nouveaux assauts.

Voilà quatre ans qu'on meurt ! Assez de massacres !

La guerre enfante ainsi la révolution communiste.

On veut en finir avec l'*union sacrée* ! On se souvient de Jaurès assassiné. Et son tueur, Raoul Villain, qui a passé ces années de guerre en prison, à l'abri donc, est acquitté !

On manifeste à Paris. On veut imiter les Soviets, qui, dirigés par Lénine, sont les maîtres de la Russie, mais doivent affronter les armées « blanches », aidées par la France, la Grande-Bretagne, les États-Unis.

Partout se créent des Partis communistes qui contestent l'ordre établi, rejoignent l'Internationale communiste, récusent les dirigeants socialistes.

On crie : « Les Soviets partout ! », on chante : « C'est la lutte finale ! »

Mais parmi les anciens combattants se dressent au nom de la patrie et des camarades morts ceux qui condamnent les communistes, les « judéo-bolcheviques ».

Ces hommes se rassemblent et opposent au drapeau rouge le drapeau national. Ils ont été formés par la guerre. Ils ont eu, souvent, l'expérience des corps francs, des *arditi* italiens… des troupes d'assaut – *Stosstruppen* – allemandes.

Dès 1919, ils fondent de nouveaux partis.

Ils créent ainsi le fascisme et le nazisme. Peu à peu s'imposent des personnalités fortes, qui exaltent l'esprit des *squadre*, sections d'assaut. Ils se nomment Benito Mussolini en Italie, Adolf Hitler en Allemagne.

Les fascistes de Mussolini protestent contre une « victoire mutilée » par le traité de paix signé à Versailles, ce « diktat » des puissants.

Les nazis de Hitler jugent que la patrie a été vendue, trahie.

Ainsi, dès les années 1920, la Première Guerre mondiale apparaît comme *la matrice barbare du XXe siècle*.

En 1914 s'est joué, sans que les acteurs en aient pris pleinement conscience, *le destin du monde*.

35.

D'abord il a fallu compter les morts.
Prendre la mesure de quatre années de massacre.

Chaque village français, chaque institution – ainsi l'École normale supérieure ou les écoles normales d'instituteurs, Saint-Cyr ou le barreau de Paris –, chaque famille dresse la liste de ceux qui sont *morts pour la France*.

Dans le hall d'une école, sur les monuments aux morts élevés au centre des places ou à l'entrée des cimetières, on grave les noms. Les frères se retrouvent côte à côte. Parfois ils sont quatre !

Aragon écrit dans *La Guerre et ce qui s'ensuivit* :

« Déjà la pierre pense où votre nom s'inscrit
Déjà vous n'êtes plus qu'un mot d'or sur nos places
Déjà le souvenir de vos amours s'efface
Déjà vous n'êtes plus que pour avoir péri. »

On dénombre pour la France 1 322 000 tués et 4 266 000 blessés. Et il y a les dizaines de milliers de disparus dont les corps ont servi de parapet et que la boue et les rats ont dévorés.

Les Allemands pleurent 1 800 000 morts. La Russie 1 850 000. L'Autriche-Hongrie 1 496 200.

Au total, on a enfourné dans la gueule béante de la guerre au moins 10 millions de jeunes hommes, et 20 millions de blessés.

C'est une saignée comme jamais l'humanité n'en a provoqué et subi.

Peut-être faut-il, pour trouver pareille hécatombe, évoquer le temps de la Peste noire (1347-1352).

Pour que l'abattoir guerrier accomplisse au mieux son office, on a fait appel à toutes les ressources de l'esprit humain : mitrailleuses à tir rapide, canons lourds, avions, sous-marins, obus à fragmentation.

Et enfin, les gaz asphyxiants, utilisés pour la première fois dans le secteur d'Ypres par les Allemands : la surprise et l'horreur sont totales. 5 000 Français tombent en une heure.

On apprendra à se protéger et chaque camp a utilisé cette arme nouvelle. On a rempli de gaz et tiré plusieurs dizaines de millions d'obus, provoquant une centaine de milliers de morts.

Et les survivants ont les yeux et les poumons brûlés.

On les voit, longue chenille humaine, les mains posées sur les épaules du camarade qui se trouve devant eux, les yeux comme deux tumeurs noires, trébuchant, se dirigeant vers l'infirmerie.

Et parfois, ce poste de secours est pris pour cible par les artilleurs. Car il faut « pilonner », briser toute résistance avant une offensive. En huit jours, on a tiré à Verdun, en août 1917, 5 millions d'obus, six tonnes par mètre de front !

C'était donc cela la Grande Guerre !

Partout, c'est la traînée noire du deuil, le désespoir, l'effroi, mais aussi un sentiment de révolte et même de fierté.

On se souvient des camarades morts – *Ich hatte einen Kameraden*, « J'avais un camarade », dit une chanson allemande – en faisant le serment de les venger. Il ne faut pas qu'ils soient morts pour rien.

Nombreux sont ceux qui veulent que cette guerre soit « la der des ders ». La paix doit régner. Le pacifisme est leur horizon. Tout vaut mieux que le massacre recommencé.

Mais certains, combattants de première ligne, « croix de feu », « croix de fer », ont la nostalgie de la fraternité de ceux qui ont ensemble, épaule contre épaule, défié la mort.

Les uns veulent déterminer les causes de ce massacre, de ces destructions, de ces crimes de guerre, et dénoncent les politiciens, les généraux qui les ont voulus ou laissés s'accomplir.

Les autres s'engagent dans ces nouveaux partis : communistes, fascistes, nazis.

Leurs adhérents, leurs militants, comme s'ils ne pouvaient renoncer à la « militarisation » de la vie, à la « brutalisation » des comportements, paradent en uniforme.

Chemises rouges, chemises noires, chemises brunes, ils défilent au pas, tentent des putschs, rêvent à la révolution, s'emparent du pouvoir.

En octobre 1922, Benito Mussolini devient président du Conseil en Italie. C'est cette « marche sur Rome » réussie que veut imiter Adolf Hitler en novembre 1923 à Munich. Il échoue.

Emprisonné, il écrit *Mein Kampf*, dont les idées vont empoisonner l'Allemagne et l'Europe.

Ainsi l'antisémitisme s'enracine dans la guerre.

« Les bureaux étaient bondés de juifs, écrit Hitler. Presque tous les secrétaires étaient juifs et tout juif secrétaire. Je m'étonnais de cette abondance embusquée du peuple élu et ne pouvais faire autrement que de comparer leur nombre à celui de leurs rares représentants sur le front…

« L'araignée commençait à sucer doucement le sang du peuple allemand. »

Peu importe la réalité : le poison se diffuse.

La Grande Guerre et ses milliers de cadavres enfouis infectent le corps de l'Europe. Et de la guerre naissent d'autres guerres.

Les jeunes « anciens combattants » allemands – ainsi Ernst von Salomon – s'enrôlent dans les corps francs qui, sur les rives de la Baltique, s'opposent aux Slaves, aux « judéo-bolcheviques ».

Des officiers français – de Gaulle est l'un d'eux – sont envoyés à Varsovie pour y instruire et encadrer la jeune armée polonaise aux prises avec des unités de l'Armée rouge. De Gaulle retrouve en face de lui un officier russe, rallié au pouvoir soviétique, Toukhatchevski, qu'il a côtoyé dans une forteresse où tous deux – alliés – étaient prisonniers des Allemands.

En Allemagne, en Pologne, en Hongrie, partout la vague révolutionnaire est contenue, refoulée. Mais les tensions continuent de diviser l'Europe.

Le « diktat » de Versailles n'est pas accepté.

Les Français veulent que l'Allemagne verse des *réparations* puisqu'elle a été désignée comme coupable d'avoir déclenché la guerre.

« L'Allemagne paiera », répète-t-on en France. En 1923, les troupes françaises occupent, comme un gage, la Ruhr.

La France est isolée, saignée, par cette guerre dont elle est sortie victorieuse mais épuisée. Les États-Unis utilisent le dollar pour la faire plier.

La valeur du franc s'effrite, l'économie mondiale se fracasse en 1929.

La guerre est finie, mais la guerre est partout.

36.

Qui sont les coupables ?

Ceux qui, dans l'été 1914, ont déclenché cette guerre qui devait être brève et locale, mais qui s'est prolongée cinquante-trois mois et est devenue une guerre civile européenne et la Première Guerre mondiale ?

Et pire encore puisqu'en 1919, le traité de paix de Versailles n'a pas réconcilié les adversaires ni renforcé la démocratie.

Le 30 janvier 1933, l'ancien combattant, croix de fer de première classe, Adolf Hitler devient chancelier du Reich.

La Première Guerre mondiale enfante la Deuxième.

L'« étrange défaite française » de mai-juin 1940 est le résultat de la mise en œuvre du plan Schlieffen de 1914, modernisé.

Et c'est dans le wagon où avait été signé l'armistice le 11 novembre 1918 que le 24 juin 1940, dans la même clairière de Rethondes, les représentants du gouvernement du maréchal Pétain – symbole de la résistance française à Verdun en 1916 – capitulent.

Hitler, en descendant du wagon, esquisse un pas de danse !

C'est sa revanche. Il visitera Paris où sont entrées les troupes allemandes le 14 juin 1940.

Revanche pour les uns, humiliation pour les autres.

Le cycle se poursuit.

Le 8 mai 1945, les Allemands s'inclinent au terme de la Deuxième Guerre mondiale, conclusion d'une « guerre de trente ans » (1914-1945).

Mais ce n'est pas l'ultime conséquence du premier conflit mondial.

Il faudra attendre 1989 – chute du mur de Berlin, édifié par les Russes – et la dissolution de l'URSS en 1991 pour que la Première Guerre mondiale mette bas sa dernière portée : la guerre dans les Balkans. La Yougoslavie et la Tchécoslovaquie, créations du traité de Versailles, se disloquent.

Les Serbes font le siège de Sarajevo.

Belgrade est bombardée.

Là même où avait été assassiné l'archiduc François-Ferdinand le 28 juin 1914 se clôt le cycle ouvert par la Première Guerre mondiale.

1914 a été le destin du monde.

L'Europe de ce début du XXIe siècle ressemble à celle d'avant 14.

Certes, les empires (russe, austro-hongrois, allemand) ont disparu, mais les frontières, en dépit de la création de l'Union européenne, demeurent, et les nations affirment leur volonté de durer.

Et au terme de ce long cycle (1914/1989-1991), l'Europe a perdu sa prééminence mondiale.

Le centre de gravité du monde n'est plus en Europe, mais quelque part entre la Chine et les États-Unis.

Et les systèmes d'alliances concernent d'abord les pays émergents : Brésil, Russie, Inde, Chine (BRIC). L'Europe diplomatique ne pèse plus guère.

Il reste une fracture liée à ce destin européen, celle qui sépare Israël du monde arabe et persan. Là sont les Balkans du XXIe siècle.

Qui sont les coupables ?

Ceux qui au début du XXe siècle ont entassé les barils de poudre puis frotté l'allumette et regardé la mèche brûler ? On peut accuser l'empereur d'Autriche-Hongrie et ses ministres, ou l'empereur allemand et ses conseillers, ou le tsar, et désigner les généraux qui craignaient d'être pris de vitesse par la partie adverse.

On peut reprocher aux dirigeants français d'avoir laissé faire leur allié russe.

Mais aucun de ces hommes d'État, de ces chefs d'état-major, ne voulait d'une guerre générale.

Ils pensaient, selon leur camp, punir ou soutenir les Serbes, pour les autres prendre leur revanche, retrouver l'Alsace et la Lorraine.

La guerre, ils pensaient qu'elle serait courte.

Et le sentiment patriotique était l'expression d'un désir : donner sens à une vie bridée par la civilisation mécanique qui se mettait en place.

Mais aucun de ceux-là qui rêvaient de guerre n'imaginait ce qu'elle serait.

Une fois la guerre déclenchée, on en a réécrit l'histoire aux couleurs de sa vision politique.

Hitler peut ainsi prétendre dans *Mein Kampf*:

« La guerre de 1914 ne fut, Dieu en est témoin, nullement imposée aux masses, mais au contraire désirée par tout le peuple.

« On voulait enfin mettre un terme à l'insécurité générale. »

Ce fut au contraire le massacre généralisé.

Mais aux dix millions de tués de 1914-1918, il faut ajouter les morts de la Deuxième Guerre mondiale : cinquante millions d'humains.

Et au moins quatre millions d'entre eux assassinés parce que juifs.

Car 1914 est un « ventre fécond ».

La Première Guerre mondiale a mis en œuvre sur les champs de bataille les gaz asphyxiants.

Elle inventera ainsi les chambres à gaz pour exterminer un peuple.

Qui sont les coupables ?

Il faut certes d'abord identifier les responsabilités de chaque individu.

En 1919, l'article 28 du traité de Versailles désignait 2 000 criminels de guerre.

L'Allemagne refusa de les extrader.

Elle jugea à Leipzig 901 accusés, dont 888 furent acquittés. Les 13 restants furent condamnés, mais ils n'exécuteront pas leurs peines.

À Nuremberg (20 novembre 1945-octobre 1946), devant le Tribunal militaire international comparurent 24 dirigeants et 8 organisations de l'Allemagne de Hitler.

12 furent condamnés à mort et 7 à des peines de prison.

Mais qui jugea les Soviétiques qui avaient exécuté en 1940 d'une balle dans la nuque des milliers d'officiers et de notables polonais ?

Un procureur soviétique siégeait au tribunal de Nuremberg.

Qui osa s'interroger sur l'emploi par les États-Unis de l'arme atomique contre les populations civiles de Hiroshima et de Nagasaki ?

Mais, au-delà de la recherche des coupables d'actes criminels personnellement responsables, n'est-ce pas l'orientation d'une civilisation qu'il faudrait mettre en cause, et s'interroger sur son rapport au Mal ?

Au lendemain de la Première Guerre mondiale, le philosophe et historien allemand Oswald Spengler analyse *le déclin de l'Occident*[1].

Mais, à le lire, l'Occident est, comme toutes les civilisations, soumis à l'évolution cyclique de l'Histoire.

L'homme, comme personne, comme individu, le sens moral, le respect de la vie – et donc de l'Autre humain – n'ont pas de place dans cette conception.

Comme Spengler, Paul Valéry, en avril-mai 1919, emprunte lui aussi à la biologie ses références.

Mais c'est aussi la souffrance morale et intellectuelle qu'exprime son article quand il écrit :

« Nous autres civilisations, nous savons maintenant que nous sommes mortelles.

1. *Le Déclin de l'Occident, 1918-1922*, 2 volumes, Paris, Gallimard, 1967.

« Nous avions entendu parler de mondes disparus tout entiers, d'empires coulés à pic avec tous leurs hommes et tous leurs engins… Nous savions bien que toute la terre apparente est faite de cendres et que la cendre signifie quelque chose. Nous apercevions à travers l'épaisseur de l'Histoire les fantômes d'immenses navires qui furent chargés de richesses et d'espoir. Nous ne pouvions les compter. Mais ces naufrages après tout n'étaient pas notre affaire… Et nous voyons maintenant que l'abîme de l'Histoire est assez grand pour tout le monde. »

André Gide, en novembre 1914 – quatre mois seulement après le début du conflit –, écrit avec sa prescience de poète :

« Cette guerre n'est pas pareille à une autre guerre. Il n'est pas seulement question d'un territoire à protéger, d'un patrimoine, d'une tradition… Non ! c'est un avenir qui veut naître. Énorme et se dégage en s'ensanglantant les pieds. »

Nous connaissons cet « avenir » du monde, dont le destin a été fixé en août 1914.

Ce destin, c'est l'histoire du XXe siècle : 1914/1989-1991. Une immense tuerie.

Un abattoir gigantesque dont le sang a ruisselé sur tous les continents.

Gide poursuit :

« Il s'agit de voir si tu veux rester pleurant sur des cendres. Si vers la tombe enfin il ne te reste plus qu'à descendre. Ou si, dans l'inconnu, tu te sens assez jeune encore pour t'élancer. »

L'élan, oui, mais vers quoi ?

En ce début du XXIe siècle – comme en 1914 –, de notre réponse dépend *le destin du monde.*

À PARAÎTRE

1918
La terrible victoire

Table

Prologue – L'avant-1914.
« L'implacable sûreté du destin » 13
Chapitre 1. 15
Chapitre 2. 19

LIVRE I
Janvier-28 juin 1914

Première partie – Janvier-mai 1914 47
Chapitre 3. 49
Chapitre 4. 57
Chapitre 5. 63
Chapitre 6. 69
Chapitre 7. 75

Deuxième partie – Mai-juin 1914 85
Chapitre 8. 87
Chapitre 9. 99
Chapitre 10. 105

LIVRE II
28 juin-3 août 1914

Troisième partie – 28 juin-15 juillet 1914 111
Chapitre 11. 113
Chapitre 12. 123
Chapitre 13. 129

Quatrième partie – 16 juillet-3 août 1914 135
Chapitre 14. 137
Chapitre 15. 141
Chapitre 16. 147
Chapitre 17. 161
Chapitre 18. 173
Chapitre 19. 185

LIVRE III
4 août-31 décembre 1914

Cinquième partie – Août 1914 199
Chapitre 20. 201
Chapitre 21. 213
Chapitre 22. 221
Chapitre 23. 231

Sixième partie – Septembre-novembre 1914 243
Chapitre 24. 245
Chapitre 25. 251
Chapitre 26. 255
Chapitre 27. 267
Chapitre 28. 275
Chapitre 29. 287
Chapitre 30. 295

Septième partie – Décembre 1914 307
Chapitre 31. 309
Chapitre 32. 315
Chapitre 33. 321

Épilogue – L'après-1914. Le destin du monde 329
Chapitre 34. 331
Chapitre 35. 337
Chapitre 36. 343

Table 351

Du même auteur 355

Du même auteur

Romans

Le Cortège des vainqueurs, Robert Laffont, 1972.
Un pas vers la mer, Robert Laffont, 1973.
L'Oiseau des origines, Robert Laffont, 1974.
Que sont les siècles pour la mer, Robert Laffont, 1977.
Une affaire intime, Robert Laffont, 1979.
France, Grasset, 1980 (et Le Livre de Poche).
Un crime très ordinaire, Grasset, 1982 (et Le Livre de Poche).
La Demeure des puissants, Grasset, 1983 (et Le Livre de Poche).
Le Beau Rivage, Grasset, 1985 (et Le Livre de Poche).
Belle Époque, Grasset, 1986 (et Le Livre de Poche).
La Route Napoléon, Robert Laffont, 1987 (et Le Livre de Poche).
Une affaire publique, Robert Laffont, 1989 (et Le Livre de Poche).
Le Regard des femmes, Robert Laffont, 1991 (et Le Livre de Poche).
Un homme de pouvoir, Fayard, 2002 (et Le Livre de Poche).
Les Fanatiques, Fayard, 2006 (et Le Livre de Poche).

Le Pacte des Assassins, Fayard, 2007 (et Le Livre de Poche).
La Chambre ardente, Fayard, 2008 (et Le Livre de Poche).
Le Roman des rois, Fayard, 2009 (et Le Livre de Poche).
Caïn et Abel, le premier crime, Fayard, 2011.

Suites romanesques

LA BAIE DES ANGES :
I. *La Baie des Anges*, Robert Laffont, 1975 (et Pocket).
II. *Le Palais des Fêtes*, Robert Laffont, 1976 (et Pocket).
III. *La Promenade des Anglais*, Robert Laffont, 1976 (et Pocket).
(Parue en un volume dans la coll. « Bouquins », Robert Laffont, 1998.)

LES HOMMES NAISSENT TOUS LE MÊME JOUR :
I. *Aurore*, Robert Laffont, 1978.
II. *Crépuscule*, Robert Laffont, 1979.

LA MACHINERIE HUMAINE :
La Fontaine des Innocents, Fayard, 1992 (et Le Livre de Poche).
L'Amour au temps des solitudes, Fayard, 1992 (et Le Livre de Poche).
Les Rois sans visage, Fayard, 1994 (et Le Livre de Poche).
Le Condottiere, Fayard, 1994 (et Le Livre de Poche).
Le Fils de Klara H., Fayard, 1995 (et Le Livre de Poche).

L'Ambitieuse, Fayard, 1995 (et Le Livre de Poche).
La Part de Dieu, Fayard, 1996 (et Le Livre de Poche).
Le Faiseur d'or, Fayard, 1996 (et Le Livre de Poche).
La Femme derrière le miroir, Fayard, 1997 (et Le Livre de Poche).
Le Jardin des Oliviers, Fayard, 1999 (et Le Livre de Poche).

BLEU BLANC ROUGE :
I. *Mariella*, XO Éditions, 2000 (et Pocket).
II. *Mathilde*, XO Éditions, 2000 (et Pocket).
III. *Sarah*, XO Éditions, 2000 (et Pocket).

LES PATRIOTES :
I. *L'Ombre et la Nuit*, Fayard, 2000 (et Le Livre de Poche).
II. *La flamme ne s'éteindra pas*, Fayard, 2001 (et Le Livre de Poche).
III. *Le Prix du sang*, Fayard, 2001 (et Le Livre de Poche).
IV. *Dans l'honneur et par la victoire*, Fayard, 2001 (et Le Livre de Poche).

MORTS POUR LA FRANCE :
I. *Le Chaudron des sorcières*, Fayard, 2003 (et J'ai Lu).
II. *Le Feu de l'enfer*, Fayard, 2003 (et J'ai Lu).
III. *La Marche noire*, Fayard, 2003 (et J'ai Lu).
(Parus en un volume, Fayard, 2008.)

L'EMPIRE :
I. *L'Envoûtement*, Fayard, 2004 (et J'ai Lu).
II. *La Possession*, Fayard, 2004 (et J'ai Lu).
III. *Le Désamour*, Fayard, 2004 (et J'ai Lu).

La Croix de l'Occident :
I. *Par ce signe tu vaincras*, Fayard, 2005 (et J'ai Lu).
II. *Paris vaut bien une messe*, Fayard, 2005 (et J'ai Lu).

Politique-fiction

La Grande Peur de 1989, Robert Laffont, 1966.
Guerre des gangs à Golf-City, Robert Laffont, 1991.

Histoire, essais

L'Italie de Mussolini, Librairie académique Perrin, 1964, 1982 (Marabout ; coll. « Texto », Tallandier, 2011).
L'Affaire d'Éthiopie, Le Centurion, 1967.
Gauchisme, Réformisme et Révolution, Robert Laffont, 1968.
Histoire de l'Espagne franquiste, Robert Laffont, 1969.
Cinquième Colonne, 1939-1940, Éditions Plon, 1970, 1980 ; Éditions Complexe, 1984.
Tombeau pour la Commune, Robert Laffont, 1971.
La Nuit des longs couteaux, Robert Laffont, 1971, 2001 (coll. « Texto », Tallandier, 2010).
La Mafia, mythe et réalités, Seghers, 1972.
L'Affiche, miroir de l'histoire, Robert Laffont, 1973, 1989.
Le Pouvoir à vif, Robert Laffont, 1978.
Le xxe *Siècle*, Librairie académique Perrin, 1979.
La Troisième Alliance, Fayard, 1984.

Les Idées décident de tout, Galilée, 1984.
Lettre ouverte à Robespierre sur les nouveaux muscadins, Albin Michel, 1986.
Que passe la justice du roi, Robert Laffont, 1987 : Éditions Complexe, 2011.
Les Clés de l'histoire contemporaine, Robert Laffont, 1989 ; Fayard, 2001 (et Le Livre de Poche, éd. mise à jour, 2005).
Manifeste pour une fin de siècle obscure, Odile Jacob, 1989.
La gauche est morte, vive la gauche, Odile Jacob, 1990.
L'Europe contre l'Europe, Éditions du Rocher, 1992.
Jè. Histoire modeste et héroïque d'un homme qui croyait aux lendemains qui chantent, Stock, 1994 (et Mille et Une Nuits).
L'Amour de la France expliqué à mon fils, Le Seuil, 1999.
Fier d'être français, Fayard, 2006 (et Le Livre de Poche).
L'Âme de la France : une histoire de la nation des origines à nos jours, Fayard, 2007 (J'ai Lu, 2 volumes).
La Grande Guerre (préface à...), XO Éditions, 2008.
Histoires particulières, CNRS Éditions, 2009.

RÉVOLUTION FRANÇAISE :
I. *Le Peuple et le Roi*, XO Éditions, 2009.
II. *Aux armes, citoyens !*, XO Éditions, 2009.
Dictionnaire amoureux de l'Histoire de France, Plon, 2011.
Une histoire de la Deuxième Guerre mondiale, 5 volumes, XO Éditions, 2010-2012.

Biographies

Maximilien Robespierre, histoire d'une solitude, Librairie académique Perrin, 1968 (et Pocket, et Tempus, 2008).

Garibaldi, la force d'un destin, Fayard, 1982 (coll. « Texto », Tallandier, 2012).

Le Grand Jaurès, Robert Laffont, 1984, 1994 (et Pocket, et coll. « Bouquins », Robert Laffont, 2011).

Jules Vallès, Robert Laffont, 1988 (et coll. « Bouquins », Robert Laffont, 2011).

« *Moi, j'écris pour agir.* » *Vie de Voltaire*, biographie, Fayard, 2008 (et Pocket, 2012).

Jeanne d'Arc, jeune fille de France brûlée vive, XO Éditions, 2011.

NAPOLÉON :

I. *Le Chant du départ*, Robert Laffont, 1997 (et Pocket).

II. *Le Soleil d'Austerlitz*, Robert Laffont, 1997 (et Pocket).

III. *L'Empereur des rois*, Robert Laffont, 1997 (et Pocket).

IV. *L'Immortel de Sainte-Hélène*, Robert Laffont, 1997 (et Pocket).

DE GAULLE :

I. *L'Appel du destin*, Robert Laffont, 1998 (et Pocket).

II. *La Solitude du combattant*, Robert Laffont, 1998 (et Pocket).

III. *Le Premier des Français*, Robert Laffont, 1998 (et Pocket).

IV. *La Statue du Commandeur*, Robert Laffont, 1998 (et Pocket).

ROSA LUXEMBURG :
Une femme rebelle, vie et mort de Rosa Luxemburg, Fayard, 2000.

VICTOR HUGO :
I. *Je suis une force qui va !*, XO Éditions, 2001 (et Pocket).
II. *Je serai celui-là !*, XO Éditions, 2001 (et Pocket).

LES CHRÉTIENS :
I. *Le Manteau du soldat*, Fayard, 2002 (et Le Livre de Poche).
II. *Le Baptême du roi*, Fayard, 2002 (et Le Livre de Poche).
III. *La Croisade du moine*, Fayard, 2002 (et Le Livre de Poche).

César Imperator, XO Éditions, 2003 (et Pocket).

LES ROMAINS :
I. *Spartacus, la révolte des esclaves*, Fayard, 2006 et J'ai Lu.
II. *Néron, le règne de l'antéchrist*, Fayard, 2006 et J'ai Lu.
III. *Titus, le martyre des Juifs*, Fayard, 2006 et J'ai Lu.
IV. *Marc Aurèle, le martyre des chrétiens*, Fayard, 2006 et J'ai Lu.
V. *Constantin le Grand : l'empire du Christ*, Fayard, 2006 et J'ai Lu.

Louis XIV :
I. *Le Roi-Soleil*, XO Éditions, 2007 (et Pocket).
II. *L'Hiver du grand roi*, XO Éditions, 2007 (et Pocket).

Jésus, l'homme qui était Dieu, XO Éditions, 2010.

Conte

La Bague magique, Casterman, 1981.

En collaboration

Au nom de tous les miens de Martin Gray, Robert Laffont, 1971 (et Pocket).

Autobiographie

L'oubli est la ruse du diable, XO Éditions, 2012.

CRÉDITS PHOTOGRAPHIQUES

PHOTO12

Page 15 : Photo12 • page 21 : Photo12/Private Collection • page 61 : Photo12/Elk-Opid • page 65 : Photo12/Ullstein Bild • page 71 : Photo12/Hachedé • page 81 : Photo12/Elk-Opid • page 83 : Photo 12/ Elk-Opid • page 91 : Photo12/Ann Ronan Picture Library • page 101 : Photo12/ Private Collection • page 108 : Photo12 • page 114 : Photo12 • page 126 : Photo12/Picture Alliance • page 139 : Photo12/Elk-Opid • page 142 : Photo12/KEYSTONE Pressedienst • page 150 : Photo12/Elk-Opid • page 156 : Photo12/Ullstein Bild • page 175 : Photo12/Ullstein Bild • page 183 : Photo12 • page 190 : Photo12 • page 215 : Photo12/Hachedé • page 218 : Photo12/Ullstein Bild • page 259 : Photo12/Photosvintages • page 278 : Photo12/Collection Bernard Crochet • page 281 : Photo12 • page 288 : Photo12/Picture Alliance • page 293 : Photo12/Elk-Opid • page 299 : Photo12 • page 321 : Photo12/Ullstein Bild • page 333 : Photo12.

ROGER-VIOLLET

Page 54 : Maurice-Louis Branger/Roger-Viollet • page 247 : TopFoto/Roger-Viollet.

CORBIS

Page 29 : Bettmann/CORBIS • page 195 : Hulton-Deutsch Collection/CORBIS • page 227 : CORBIS • page 316 : Bettmann/CORBIS.

Mise en pages : Edita sarl, Tours

Achevé d'imprimer
sur Roto-Page
par l'Imprimerie Floch
à Mayenne
en janvier 2013

N° d'édition : 2351/01. N° d'impression : 84115
Dépôt légal : février 2013

Imprimé en France